Geschichten

7./8. Schuljahr

Für die Schule zusammengestellt
von Kaspar H. Spinner

Verlag Moritz Diesterweg
Frankfurt am Main

ISBN 3-425-06487-8

Satz: Otto Gutfreund, Darmstadt
Druck: Wiesbadener Graphische Betriebe, Wiesbaden
Bindearbeiten: Hiort, Wiesbaden

Inhalt

Luises Tagebuch oder Die Geschichte vom »Ei«

Simone Schneider

23. 8.

Heute war ein besonderer Tag. Ich hatte nämlich Geburtstag. Nun bin ich zwölf Jahre alt. Schon lange wollte ich zwölf sein, und nun ist es endlich soweit. Ein richtig komisches Gefühl ist das! BoBo, also mein Vater, hat heute morgen Frühstück gemacht. »Ein Geburtstagsfrühstück für meine Große«, sagte er. Am Nachmittag kamen dann die Verwandten. Das schönste ist immer, wenn Oma zu meinem Geburtstag kommt, die hat meistens die besten Geschenke. Diesmal hatte sie allerdings etwas sehr Seltsames für mich: ein Tagebuch. Oma sagte, ich könnte in dieses Buch alles schreiben, was ich sonst keinem erzählen will, und meine Tante, sie ist Lehrerin, sagte darauf, daß ich jetzt wohl auch bald in diese »Phase« käme. – Wenn ich ehrlich sein soll – eigentlich weiß ich gar nichts, was ich keinem anderen erzählen will. Ich will meistens alles erzählen. Deswegen habe ich auch jetzt erst einmal aufgeschrieben, was heute so alles passiert ist, selbst wenn das nicht so geheim ist. Vielleicht passiert ja bald etwas Geheimes.

24. 8.

Direkt heute ist natürlich auch etwas Tolles passiert, was ich gleich in mein Tagebuch schreiben muß. Ich hatte heute meine erste Englischstunde. Die Lehrerin ist ganz nett. Sie hat uns allen ein Buch mitgebracht, und wir haben die erste Lektion durchgenommen. Ich kann jetzt schon schreiben: I am Luise. I am twelf years old. Das heißt übersetzt: Ich bin Luise. Ich bin zwölf Jahre alt.

Die Englischstunde selber ist aber eigentlich nicht das tolle Erlebnis, von dem ich schreiben wollte. Das Tolle ist, daß ich in dieser ersten Englischstunde einen Gedanken bekommen habe, den ich keinem erzählen will, auch nicht meinen Eltern, denn die würden bestimmt lachen.

25. 8.
Ich konnte gestern nicht weiterschreiben, weil mein Bruder mich geärgert hat. Er wollte immer in mein Tagebuch schauen, während ich schrieb, und das kann ich nicht haben. Jetzt kann ich also endlich meinen Gedanken aufschreiben, den ich gestern in der Englischstunde bekommen habe:

Im Englischen gibt es das Wort »I«, und dieses Wort wird genauso ausgesprochen wie im Deutschen das Wort »Ei«. Übersetzt bedeutet »I« – »Ich«. In meiner Sprache ist mir dieses Wort »Ich« noch nie so aufgefallen. Es ist ja auch nichts besonderes. Aber dieses »I«, das wie »Ei« ausgesprochen wird, fasziniert mich. Also, wenn man sich das einmal bildlich vorstellt: Jedes Ei hat doch einen Eidotter, also so etwas, was ganz im Inneren des Eis ist. – Und dann habe ich mich gefragt, wie das mit dem »Ich« ist. Habe ich auch so etwas, was im Innersten von mir drin ist? Und was keiner sehen kann? Im Grunde müßte das ja so sein, weil ich ja in der englischen Sprache ein »Ei« bin. Natürlich ist dieser Gedanke ein bißchen dumm, deswegen erzähl ich auch keinem davon. Aber trotzdem konnte ich heute nacht fast nicht schlafen, weil ich die ganze Zeit überlegen mußte, was denn mein Innerstes, mein »Dotter« sein könnte.

26. 8.
Es ist jetzt schon fast neun Uhr abends, und ich habe noch keine Schularbeiten gemacht. Jetzt kann ich sie auch nicht mehr machen, ich bin viel zu müde dazu. Trotzdem muß ich aber noch aufschreiben, bevor ich ins Bett gehe, was passiert ist.

Ich habe heute den ganzen Nachmittag mit Eiern gespielt. Mutti war nicht zu Hause, sonst hätte sie das bestimmt nicht erlaubt. Das war so: Ich wollte mir nur ein Stück Wurst aus dem Kühlschrank holen, da sah ich ein Ei im Fach stehen. Sofort erinnerte ich mich wieder an meinen komischen Gedanken mit dem Ei. Es läßt mich nicht mehr los. Ich nahm das Ei und schaute es mir genau an. Von außen ist es dunkelweiß. Ich wollte wissen, wie es von innen aussieht, und schlug die Schale auf, so wie Mutti das immer macht. Den Inhalt ließ ich auf einen großen Teller fallen. In der Mitte hat das Ei einen schönen –, goldgelben Dotter. Dieser Dotter ist von einer durchsichtigen, klebrig wirkenden Masse umgeben, das ist das Eiweiß. Im Gegensatz zum Eiweiß wirkt das Eigelb ziemlich stark und kräftig, das fiel mir sofort auf. Es ist auch ziemlich stark, glaube ich, denn wenn man das ganze einmal vermischt, also so, als wollte man Rühreier machen, dann ist die ganze Masse plötzlich gelb, so wie der Dotter, und nicht etwa so durchsichtig wie das Eiweiß. Das bedeutet doch, daß das Eigelb sich besser »durchsetzen« kann. Auch hat unsere Biologielehrerin einmal gesagt, daß in dem Eigelb so die wichtigsten Sachen sind, und das Küken entsteht, glaube ich, auch aus dem Eigelb. Was am stärksten, am wichtigsten und auch am schönsten ist, das ist weit innen, es ist im Ei versteckt und richtig eingeschlossen. Diese Feststellung macht mir fast ein bißchen Angst. Ob das beim Menschen auch so ist? Auch bei mir ist das Innerste wie Eidotter eingeschlossen, glaube ich wenigstens.

29. 8.

Monika ist blöd. Sie ist eine richtig blöde Ziege! Eigentlich war sie einmal meine beste Freundin, aber das ist jetzt aus! Sie meint wohl, nur weil sie schon 16 ist, könnte sie alles besser als ich. Bisher ist mir das noch nie so sehr aufgefallen, doch wenn ich einmal nachdenke, war sie ja schon immer so. Nie läßt sie mich mal was sagen, immer redet sie mir über den Mund oder verbessert mich. Heute mußten wir in der Musikschule zusammen Klavier spielen. Die Lehrerin hatte gesagt, wir sollten uns einmal selber ein kleines Stück, irgendeine Melodie ausdenken. Ich bin eigentlich ganz gut im Klavierspielen, glaube ich, und die Aufgabe hat mir auch sehr gefallen. Sofort hatte ich eine kleine Melodie im Ohr. Ich schaffte es auch, sie zu spielen und auf das Notenblatt zu schreiben. Als Monika das sah, hat sie laut gelacht und gesagt, das sei doch keine Musik, sondern ein wirres Durcheinander von Tönen. Ich hätte nicht gedacht, daß sie so gemein sein kann! Dabei hatte ich das Gefühl, daß die Musik, die ich gemacht habe, richtig aus meinem Innersten kam. Das erste Mal war es so, daß ich ein wenig von dem gespürt habe, was in mir drin ist. Es war ein unwahrscheinlich tolles Gefühl, und dann kommt Monika, meine beste Freundin, und sagt, das sei Mist!

30. 8.

Mutti will mein Innerstes nicht herauslassen. Das habe ich heute gemerkt. Alles, was ich allein machen möchte, verbietet sie mir! Ich habe ihr heute nämlich vorgeschlagen, daß ich demnächst alle meine Anziehsachen selber aussuchen werde. Und daß ich mein Zimmer umstellen will. Und daß ich selber bestimme, wann ich meine Hausaufgaben mache und wann ich zu einer Freundin gehe. (Ich gehe übrigens nicht mehr zu Monika!) Irgendwie versuchen alle, mich zu unterdrücken, indem sie mir alles vorschreiben wollen. Ich kann sie alle nicht mehr leiden!

7. 9.

Eine Woche lang habe ich jetzt nur das getan, was ich wollte, also, was mein Innerstes wollte! Ich war fast gar nicht mehr zu Hause, habe meine Schulaufgaben nicht mehr gemacht, habe sogar zweimal die Schule geschwänzt und bin statt zur Schule in die Stadt gegangen, und außerdem habe ich nur noch das angezogen, was mir gefällt. Ich habe mir da nichts mehr vorschreiben lassen. Aber es war eine schreckliche Zeit! Mutti hat nur noch geschimpft. Manchmal hat sie mich sogar angeschrien. Auch meine Lehrerin wurde wütend. Vor zwei Tagen hat sie sich sogar mit Mutti zusammengesetzt, und die beiden haben beratschlagt, was man mit mir machen soll. Meine Freundinnen haben nicht mehr mit mir gesprochen, weil ich ihnen gesagt habe, daß sie ja noch kleine Kinder wären, die sich alles vorschreiben ließen. Heute war dann der schlimmste Tag! Irgendwie hatte ich Lust, anders auszusehen. Ich habe meine Spardose aufgebrochen und bin zum Friseur gegangen. Ich konnte die blöden Zöpfe einfach nicht mehr sehen! Jeden Morgen bestand Mutti darauf, mir Zöpfe oder einen Pferdeschwanz zu machen. Dem habe ich jetzt aber einen Riegel vorgeschoben – ich habe mir nämlich meine Haare ganz kurz schneiden lassen!!! Als ich mit der neuen Frisur nach Hause kam, schrie Mutti laut auf und gab mir eine Ohrfeige. Dann hat sie nur noch geheult, und ich saß dabei und wußte nicht, was ich machen sollte. Dann kam BoBo nach Hause. Er war jetzt eine Woche lang nicht da und hatte von dem ganzen Ärger noch gar nichts mitgekriegt. Der hat sich natürlich gewundert. Mutti und BoBo haben zuerst einmal miteinander geredet, dabei mußte ich rausgehen. Dann kam BoBo zu mir. Ich dachte, daß er jetzt bestimmt auch schimpfen würde, aber er gab mir nur das Reiseandenken, das er mir aus Holland mitgebracht hat. Es ist ein Fläschchen Parfüm. Ich habe mich so sehr darüber gefreut, daß ich ihm gleich alles erzählt habe, also das mit meinen Gedanken über das Ei. Er hat das sogar verstanden und nicht gelacht. Er sagte, ich hätte da ganz recht, jeder Mensch hat so etwas wie einen Dotter, ein Innerstes. Nur würde es dauern, bis es heraus könnte. Das kann man nicht in einer Woche machen, sagte er. Er sagte sogar, daß auch sein Innerstes noch ziemlich eingeschlossen sei, obwohl er doch schon viel älter ist als ich. Ich glaube, daß BoBo das ehrlich so meint.

Auch Mutti ist nicht so, wie sie diese Woche war. Sie wußte nur nicht, was sie anderes machen sollte, sagte BoBo. Selbst Erwachsene wissen manchmal nicht, wie sie es richtig machen sollen. Es ist wohl alles recht schwierig...

Simone Schneider, geboren 1962 in Duisburg, hat diesen Text als Schülerin mit 16 Jahren geschrieben.

Aus dem Tagebuch an meine Töchter
Angelika Mechtel

Heute war wieder so ein Tag. Ich bin noch einmal in eure Zimmer gegangen, und ihr seid beide hochgeschreckt, nervös und mit nassen Haaren; habt gesagt, daß ihr nicht schlafen könnt, wie spät es denn sei. Ich habe euch zugedeckt, habe euch über die Stirn gestrichen, habe dabei an meine Mutter gedacht, habe mir gesagt: sie sind gar nicht richtig wach, und ihr seid in einen unruhigen Schlaf zurückgekehrt.

Einmal hat mich einer eurer Lehrer gefragt: ob meine Tochter denn Schwierigkeiten mit dem Einschlafen habe, wenn eine Prüfungsarbeit bevorstünde. Ich habe ihm davon erzählt, habe mir angehört, wie er sagte, das sei schlimm. Aber wir konnten es nicht ändern. Er ist dann immer freundlich zu dir gewesen, meine kleinere Tochter; du hast ihn sehr gemocht. Deine Angst hat er dir nicht genommen.

Heute war es wieder so. Wort für Wort habe ich aus dir die englischen Vokabeln abgerufen, dein Wissen in der Grammatik und im Sprachverständnis geprüft. Ich habe dir gesagt, daß du alles weißt, was du wissen sollst, daß du mehr weißt, weil du dich einfühlen kannst in die fremde Sprache. Ich habe dir gesagt, daß du große Klasse bist. Du hast mich nur so von der Seite angesehen, hast mich gefragt, ob es wohl für einen Dreier reicht. Vielleicht haben wir beide zur gleichen Zeit an das gleiche gedacht: wie sehr du die Freiheit liebst, wie rasch du unter dem Druck einer Prüfungsarbeit versagst; wie gerne du jetzt oben in deinem Zimmer mit Puppen spielen würdest.»Vielleicht«, sagtest du,»kann ich als zweites Fach Englisch dazunehmen, wenn ich Turnlehrerin werde?« Ich habe gesagt, das ist eine gute Idee. Ich habe dir nicht gesagt, daß sie heute schon behaupten, kaum noch Lehrer zu brauchen, wenn du erst einmal groß bist. Ich habe das Buch zugeklappt und dich nach oben geschickt zu deinen Puppen, mit denen du reden kannst.

Dann bist du gekommen, meine große Tochter. Formel für Formel habe ich Algebra abgerufen, dein Wissen im Ziehen von Quadratwurzeln und im Berechnen von Parallelogrammen geprüft. Ich weiß, daß du kritischer bist als deine Schwester, ernsthafter und ehrgeiziger. Wenn ich *dir* sage, daß du alles weißt, was du wissen sollst, wirst du mißtrauisch. Wenn ich dir sage, daß du große Klasse bist, lachst du nur. Du glaubst, pädagogisches Verhalten sofort zu durchschauen. Und ich fühle mich manchmal sehr hilflos, wenn ich dir helfen will. Wenn ich dir sage, daß du neben Algebra und Geometrie lernen solltest, die Bewertung von Prüfungsarbeiten nicht so ernst zu nehmen, wenn ich dir sage, du darfst dich nicht verrückt machen lassen. In erster Linie mußt du du selbst sein, und dann, wenn du es kannst, eine gute Schülerin. Du schüttelst den Kopf, und vielleicht denken wir beide im gleichen Augenblick das gleiche: wenn es nur so leicht wäre, wie ich es sage. Du sprichst schon vom Numerus clausus* mit einer Selbstverständlichkeit, als sprächest du von einer bestimmten Jeansmarke. Du redest vom Abitur und dem Notendurchschnitt, den du zum Studium brauchst, als sei das schon morgen und nicht erst in fünf Jahren. Du glaubst mir nicht, wenn ich sage, bis dahin ist dieses Problem gelöst. Wenn ich sage:»Na und?« Du siehst mich an, und ich kenne die Halbherzigkeit meiner Behauptungen. Und manchmal denkst du: ich laufe weg und komme nie mehr wieder. Manchmal bist du verzweifelt. Wie einer von uns, der vor unlösbaren Aufgaben steht.

Heute war es so. Und ich habe die Zeitung versteckt, deren Schlagzeile von einer Vierzehnjährigen berichtet, die hinuntergesprungen ist vom Dach eines Hochhauses.

Ich habe euch Badewasser eingelassen, habe einen Pfefferminztee gekocht und jedem von euch einen Haufen Zucker hineingeschüttet. Zucker beruhigt die Nerven. Schlaftee nennen wir es. Es ist immer der gleiche Tee am Vorabend einer Prüfungsarbeit. Ich habe an euren Betten gesessen und euch so gestreichelt, wie ich mir als Kind immer gewünscht habe, gestreichelt zu werden. Du, meine kleine Tochter, hast mich gefragt, was du träumen sollst, und ich habe dir von einem erzählt, der eine Prinzessin brauchte. Aber dann wolltest du wissen, ob »accident«* mit einem oder zwei c geschrieben wird. Und du,

---

Numerus clausus: zahlenmäßig beschränkte Zulassung zum Studium
accident: (englisch) Unfall

meine Ältere, hast mir davon erzählt, daß du auf einer Insel ohne Menschen leben möchtest.

Morgen früh, wenn es noch dunkel ist, werdet ihr beide, noch blaß vom unruhigen Schlaf, das Haus verlassen, und ich werde jeder Glück wünschen, werde zwischen acht und dreiviertel neun und zwischen halb zehn und viertel nach elf die Daumen drücken, wenn ich daran denke. Ich werde am Frühstückstisch sitzen, während euch der Bus für sechs Stunden in die Schule wegfährt, werde die Sonne hinter dem schneebedeckten Dach des Nachbarn aufgehen sehen und das Gefühl haben, daß es viel vernünftiger wäre, jetzt eine Schneeballschlacht auszutragen. – Hoffentlich bleibt er bis zum Wochenende liegen, damit wir Zeit haben für den Schnee, in dem ihr euch austoben sollt wie Kinder.

Angelika Mechtel, geboren 1943, lebt als Schriftstellerin in Köln (früher lange Zeit bei München). Sie ist zuerst als Autorin von Büchern für Erwachsene hervorgetreten, seit 1975 publiziert sie auch Kinder- und Jugendbücher. Sie hat selbst zwei Kinder.

Ein Wellensittich starb

Benno Pludra

Es wußte niemand zu sagen, wohin der Junge gegangen war und wann er weggegangen war, nachdem er sich bei den Männern aufgehalten hatte. Er war klein, die Augen verweint. Sein Wellensittich war gestorben.

»Dein Wellensittich«, sagte jemand, »das ist traurig.«

Sie kannten den Jungen wenig. Er wohnte mit seinem Bruder in einem ziemlich komfortablen Zelt, einem blaugelben Ferientraum, natürlich mit Kühlschrank. Der Vater kam nur samstags oder sonntags heraus, manchmal auch gar nicht, er hatte noch keinen Urlaub und offenbar eine wichtige Arbeit, Technologe oder so; die Mutter hatte man noch nie hier draußen gesehen. Der Bruder war älter, ungefähr siebzehn, er hatte dauernd mit Mädchen zu tun. Der Kleine, meist sich selber überlassen, ging angeln, ging baden oder träumte vor dem Zelt. Er war neun, vielleicht schon zehn: strohdickes Haar und eine zu kurze Oberlippe, wodurch er aussah, als habe er nachzudenken über irgendwas.

An diesem Tag, einem Mittwoch, hatten sie dreißig Grad, der

Zeltplatz auf märkischem* Sand dörrte in der Sonne. Am Wasser waren Bäume, dort waren auch die Männer, und der Junge blieb bei den Männern, im Schatten der Bäume. Die Männer bauten ein Boot zusammen, einen DELPHIN, sie hatten keine Ahnung und brauchten für jede Leiste eine Minute. Ein paar Frauen in Bikinis sahen ihnen zu, die meisten noch jünger, doch manche schon so ausladend rund, daß man nicht wußte, was später bei ihnen werden sollte. Der Junge daneben war dünn wie ein Hänfling*, er hatte die verweinten Augen, und sie fragten ihn: »Was hast du? Weinst du?«

Er sagte, sein Wellensittich sei gestorben, doch hierbei lief er schon weg, und jemand sagte: »Dein Wellensittich, das ist traurig«, und noch jemand sagte: »Kein Wunder. Bei der Hitze. Im Zelt. Da stirbt sogar ein Pferd.«

Doch der Wellensittich war nicht im Zelt gestorben. Zu Hause in der Wohnung, im Zimmer des Jungen war er gestorben, weil der Vater ihn vergessen hatte.

Den Jungen sah für den Rest des Tages niemand mehr, und es dachte an ihn auch niemand mehr, erst abends wieder, als sein Bruder umherlief und fragte: »Hat jemand Andy gesehn?«

»Andy?« fragte wohl mancher, dann wußte er: der kleine Bruder, doch niemand hatte ihn gesehen.

Es war Abendbrotzeit, die Kocher fauchten, und Mücken stürzten in singenden Schwärmen auf jedes Fleckchen nackte Haut, sie fanden genug. Irgendwo glimmten schon Lampions, der Himmel aber war noch hell.

Der große Bruder lief zuletzt ans Wasser. Dort badeten Kinder, schrien wie die Wilden, bespritzten sich, Andy war nicht dabei. Andy nicht. »Nö, den ganzen Tag nicht.«

Nun spürte der große Bruder die Angst plötzlich im Herzen. Er wußte ja, wie der Kleine war: empfindsam bis zu Tränen. Er hatte ihm die Nachricht überbracht, nicht ohne Roheit: »Dein Vogel ist tot. Verhungert.«

Nun spürte er die Angst um Andy.

Die Kinder verschwanden aus dem Wasser, ihre Stimmen verteilten sich zwischen den Zelten, der schmale See lag blank im sinkenden Abend. Das Ufer drüben wurde schwarz.

Der große Bruder lauschte. Seine Augen suchten übers Wasser hin, doch da war nichts zu sehen.

---

märkisch: Die Mark (auch Mark Brandenburg genannt) ist die sand- und seenreiche Landschaft in der Mitte der DDR
Hänfling: Vogel (Finkenart)

II

»Andy«, sagte der große Bruder, »Andy«, noch einmal, und wandte sein Ohr dem Wasser zu, dem Wasser, dem Schilf, dem schwarzen stillen Ufer, und hörte die Fische, wie sie sprangen, und hörte die Enten werkeln im Schilf, und von den Zelten, hier und da, hörte er Recordermusik, einmal Bonny Tyler, wie sie sang. It's a Heartache, sang Bonny Tyler. It's a Heartache, es ist ein Kummer, das ging ihm nah wie vorher nie.

Der Vater kam kurz nach Mitternacht, da fehlte von Andy immer noch jede Spur, der große Bruder hockte vor dem Zelt. Er hatte zu Hause angerufen, nachdem er vom Wasser weggegangen war, nun sah er den weißen LADA halten. Das Auto war leise herangerollt, fast ohne Gas, der Vater stieg aus, die Tür blieb offen, die Scheinwerfer waren erloschen.

Der Junge stand auf und stand vor dem Zelt, der Vater war kleiner. Kariertes Hemd und helle Jeans, er bewegte sich schnell. »Wo ist er? Was war los?«

»Der Vogel«, sagte der Junge. »Ich hab mir gedacht ich sag's ihm gleich, es war so eine Gelegenheit.«

»Gelegenheit«, sagte der Vater.

»Dann mach es nächstesmal selber«, sagte der Junge.

Sie standen sich gegenüber, der Vater kleiner um mindestens einen Kopf. Der Zeltplatz schlief, der Himmel immer noch hell, sie konnten ihre Gesichter sehn. Das Gesicht des Vaters blaß, noch blasser jetzt, der Junge war braun, man sah bei ihm fast nur das Weiße in den Augen.

»Wir müssen die Polizei verständigen«, sagte er.

Der Vater erwiderte nichts, drehte nur halb den Kopf, als käme da was von der Seite, und der Junge bemerkte, wie ratlos er war.

»Die Polizei«, sagte der Junge.

»Mitten in der Nacht?«

»Es kann was passiert sein.«

»Mit Andy? Mit Andy doch nicht.«

»Wenn du das so genau weißt«, sagte der Junge, »warum bist du dann gekommen?«

Der Vater trat ins Zelt, in den Wohnraum, der hinter dem Vorraum lag, auch hier war das Nachtlicht hell genug. Der Vater rauchte seine erste Zigarette an, setzte sich auf einen Campingstuhl, rauchte schweigend, und der Junge sah ihm zu. Dann sagte der Vater: »Wie ich dich kenne, hast du's ihm ganz unverblümt gesagt.«

»Wie ich's gewußt hab von dir«, sagte der Junge. »Tot ist tot, und so ein Vogel auch.«

Der Vater jetzt: »Ich hatte dich gebeten, nichts zu sagen.«

»Er hätte es ja doch erfahren, irgendwie.«

»Ich hätte es ihm anders gesagt, nicht irgendwie. Und hätte einen neuen Vogel mitgebracht.«

»Ach so«, sagte der Junge, »gleich so. Gleich einen neuen Vogel mitgebracht. Und hättest ihm den als quasi alten Vogel unterjubeln wollen?«

»Das hätte ich wollen«, sagte der Vater.

»Na ja, warum denn nicht?«

Die zweite Zigarette, aus der Tasche oben im Hemd, der Vater sah sie ausdauernd an, und fragte auf einmal den Jungen: »Warum bist du bei mir geblieben?«

»Warum bin ich was?«

»Warum bist du bei mir geblieben. Nicht mitgegangen, vor drei Wochen?«

»Mit Mama?« sagte der Junge.

»Mit Mama, ja.«

»Ich wollte nicht«, sagte der Junge. »So kurz vor dem Abi, und meine Kumpels alle hier. Ich wollte nicht mit, das weißt du doch.«

»Das weiß ich, ja. Und Andy?« fragte der Vater.

»Andy?«

»Warum ist Andy nicht mitgegangen?«

»Der wollte bei dir bleiben, hat er's dir nicht gesagt? Und außerdem – ihm gefielen die kleinen Häuser nicht.«

»Die kleinen Häuser?« fragte der Vater.

»Da unten, wo Mama jetzt lebt. Lauter so kleine Häuser.«

»Und wollte bei mir bleiben?«

»So ausgedrückt, so ungefähr.«

Der Vater steckte sich die Zigarette in den Mund, hob das Feuerzeug, doch keine Flamme sprang hervor, der Vater nahm die Zigarette wieder aus dem Mund.

Der Junge lauschte nach draußen, wo der Nachtwind durch die Bäume ging.

»Hörst du was?« fragte der Vater.

»Ich an deiner Stelle würde zur Polizei.«

»Du bist nicht an meiner Stelle. Geh schlafen.«

»Wie soll einer schlafen? Schläfst du?«

Der Junge saß in dem zweiten Campingstuhl. Es handelte sich um Stühle einer bequemeren Sorte, man konnte die Arme aufstützen, zur Not auch schlafen, doch der Junge saß mit gekrümmtem Rücken da, äußerst gespannt und wie zum Sprung bereit.

»Mach dich locker«, sagte der Vater. »Wie du dasitzt, wenn du so einschläfst, tut dir nachher das Kreuz weh.«

»Ich schlafe nicht ein, ich schlafe nicht.«

Nun rauchte der Vater seine zweite Zigarette an.

»Seit wann denn wieder?« fragte der Junge.

»Nur heute mal, nur jetzt.«

»Aber daß du noch ruhig sitzen kannst.«

»Ruhig?«

»Du sitzt und rauchst, als würden wir hier warten auf Besuch.«

»Anders«, sagte der Vater. »Ich bin auf Besuch, jetzt warten wir, daß Andy kommt.«

»Warten«, sagte der Junge.

»Warten wir«, sagte der Vater.

Sie sahen sich wenig an, sie hörten über dem Zelt die Nacht. Ganz fern, sehr fern fuhr jetzt ein Zug. Ein zweiter fuhr, da sagte der Vater: »Das glaubt man gar nicht, daß man hier die Züge fahren hört.«

Der Junge blieb still, er war ganz plötzlich eingeschlafen: den Kopf zur Seite, den Hals verdreht, die Hände vor sich gefaltet. Nachher das Kreuz, dachte der Vater, er hat's wieder mal besser gewußt.

Er hat's schon immer besser gewußt, aber nun Andy.

Andy ist fort, der Wellensittich ist gestorben, der große Bruder hat's ihm mitgeteilt auf seine Art.

Wenn Andy nicht wiederkommt, dachte der Vater.

Er dachte es wie betäubt, während er nun so saß, die dritte Zigarette zwischen den Fingern, während er saß und rauchte und den Jungen ansah, dort im Campingstuhl, der mit hochgekrampften Schultern schlief: Der große Bruder. Die besten Zeugnisse immer. Die Mädchen hinter ihm her. Für Andy der größte große Bruder. Und dann: Tot ist tot, und so ein Vogel auch.

Der Vater blickt zu dem Jungen hin. Fremdheit ist da, woher? Man lebt in Verständnis und Harmonie, doch man weiß nicht einmal, was für Ohren solch ein Junge hat: kleine, große, dünne, dicke, höchstens allzu große wüßte man. Der da hat weiche, runde. Er hat sie von seiner Mama. Die lebt nun, wo die kleinen Häuser sind. Nach achtzehn guten Jahren! Wer begreift so was?

Das Zelt hier hat sie nie gemocht, noch manches andere nie gemocht, zum Beispiel zu genaue Uhren, Autotouristik und Rosali. Doch Rosali war längst vorbei, und ist auch der Punkt nicht gewesen, der endgültig springende Punkt, weswegen man nach achtzehn Jahren in die Ferne zieht. Es war auch kein anderer Mann und war auch kein neuer Beruf, es war gewissermaßen nichts. Gewissermaßen, sozusagen, wer begreift schon was? Und dies die vierte, fünfte, letzte Zigarette nun, der Morgen kommt.

Der Morgen kommt, und Müdigkeit kommt. Nachher kommt Andy.

Aus dem Nebel zwischen den Bäumen und hinter den letzten Zelten hervor: Andy, tatsächlich Andy, doch niemand bemerkt ihn, wie er dort kommt, der Vater und der große Bruder schlafen. Im Wohnraum des blau-gelben Zeltes, die Eingangsplane zurückgeschlagen, sieht man sie beide schlafen: wie verwunschen in einem Guckkastenbild. Andy steht still, die Bäume und die Zelte stehen still, denn der Morgen ist noch gar nicht richtig wach. Dehnt sich im ersten weißen Licht, steigt und fällt im Widerhall der Vogelrufe. Kein Mensch außer Andy ist unterwegs.

Er geht auf die Schlafenden zu, sehr langsam, Schritt um Schritt. Der Vater ist da. Sie haben auf ihn gewartet. Sie haben ihn gesucht. Das macht ein gutes Gefühl, es macht Triumph und irgendwo auch Freude. Doch hieran denkt Andy jetzt nicht, er drängt es beiseite, er will es nicht denken, noch nicht. Er setzt sich auf den dritten Campingstuhl. Setzt sich, sitzt da, und betrachtet Vater und Bruder, wie sie schlafen, das Kinn liegt beiden auf der Brust. Sie atmen schwer, sie sehen komisch aus.

Wenn ich jetzt schreie, denkt Andy, den Tisch umstoße und schreie, was würden sie tun? Vor Schreck vielleicht sterben.

Andy schreit nicht und läßt den Tisch so stehen, wie er steht, den Ascher mit den ausgedrückten halben Zigaretten, fünf. Fünf, denkt Andy, er hat geraucht, das sollte nicht mehr sein.

Ein mächtiger Schnaufer, der Vater ist wach, Andy ein bißchen erschrocken. Der Vater reibt sich die Stirn.

»Andy«, sagt er.

Andy blickt ihn ruhig an. Das strohdicke Haar zerwühlt und feucht, die Augen haben rote Ränder.

»Wie geht's dir?« fragt der Vater.

»Gut«, sagt Andy, »wie soll's mir gehn?«, und spürt dabei schon den Druck im Hals, die Stimme gerade noch kenntlich.

»Ich habe auf dich gewartet«, sagt der Vater.

»Er konnte schon beinah sprechen«, sagt Andy. »Er hat mich genau gekannt. Wie ich nur reinkam ins Zimmer, hat er mich schon erkannt.«

Der Vater sagt nichts, was soll er auch sagen, und Andy ist froh, daß der Vater nichts sagt. Könnt' es nicht hören, müßte bloß heulen. Wendet sich ab und wendet den Kopf: ein Specht, ganz nah, beginnt zu klopfen.

Benno Pludra, geboren 1925, ist einer der meistgelesenen Kinder- und Jugendbuchautoren der DDR. In den letzten Jahren ist er auch im Westen immer bekannter geworden.

Tappert meldete sich

Willi Fährmann

Ich war glücklich, meine erste Stelle nicht irgendwo in einem Dorf weitab der Zentren antreten zu müssen, sondern sozusagen im Dunstkreis von Mutters Töpfen – meine Mutter war eine leidenschaftliche Köchin –, also in eine Volksschule in der Nähe eingewiesen zu werden. Die erste Begegnung mit meiner zukünftigen Klasse, sechsundfünfzig »Knaben« des fünften und sechsten Jahrgangs, stand unter keinem günstigen Stern. Der ältere, ein wenig korpulente* Rektor Remmis begrüßte mich freundlich und führte mich ohne lange Vorrede in das Dachgeschoß des alten Gebäudes. Dort wurde die 5/6a – a waren immer die Jungen – von Herrn Theo R. Tiek unterrichtet. Der freute sich unverhohlen, die Klasse abgeben zu können. Bevor er mich jedoch den sechsundfünfzig »Knaben« überließ, rief er sehr laut sechs Namen auf. Von Abromat, Karl bis Wolschewski, Uwe haben mir sich diese für immer eingeprägt. Die Jungen standen neben ihren Bänken. Theo R. Tiek empfahl mir, ohne seine Stimme zu dämpfen, und er streichelte dabei sanft und fortwährend einen Riedstock mittelschweren Kalibers, er empfahl mir also, diese sechs Burschen allmorgendlich, *»allmorgendlich, sage ich Ihnen«*, zu Beginn des Unterrichts vorsorglich, *»präventiv*, sage ich Ihnen«*, kräftig durchzuprügeln, weil ich sonst kaum hoffen dürfe, die Klasse lebend verlassen zu können, »bildlich gesprochen, Herr Kollege«.

Die leichte Einschränkung, ich dürfe »kaum« hoffen, und ein listiges Augenzwinkern von Rektor Remmis ließen mich dennoch hoffen. Und ich überlebte.

Bereits an diesem Tag fiel mir auf, daß unter den sechs potentiellen* Lehrermördern, »bildlich gesprochen, natürlich«, vier Schüler waren, die aus Schifferfamilien stammten. In einer Stadt am Flußhafen, sollte man meinen, ist das kein Grund zur Verwunderung.

Aber »Schifferkinder«, das war im Lehrerzimmer eine häufig mit resignierendem Achselzucken begleitete Bezeichnung einer Kindergruppe. Schifferkinder lebten bis zu ihrem sechsten Lebensjahr an Bord eines Rheinschiffes. Die Schulpflicht zwang sie nicht nur in irgendein erstes Schuljahr, sondern auch in ein Schifferkinderheim. Sie galten im Lehrerkollegium als verträumt, wortkarg, kaum lernbereit, gelegentlich aufsässig.

korpulent: dick
präventiv: eigentlich: präventiv = vorbeugend
potentiell: möglich

16

»Wenig beschlagen«, klagte Frau Becker. Theo R. Tiek war direkter im Ausdruck.

»Dusselig. Inzucht«, war sein Kommentar.

Rektor Remmis wandte ein, daß die meisten der Schifferkinder in den Oberklassen durchaus dem Durchschnitt nahe kämen, ja, der Heinrich Tepe sei sogar eine ausgesprochen mathematische Begabung.

»Bleiben Sie nur in den oberen Klassen, junger Kollege«, seufzte Frau Becker. »Ich ackere seit sechs Wochen bereits im ersten Schuljahr. Unter den acht Schifferkindern in meiner Klasse sind zwei, die haben in dieser ganzen Zeit noch nicht ein einziges Wort gesprochen. *Nicht ein einziges Wort, sage ich Ihnen.*«

Herr Raschlo sagte: »In meiner Klasse sind diesmal neun aus dem Schifferkinderheim.« Er lächelte dabei. Ich hatte ihn noch keine einzige abfällige Bemerkung über Schifferkinder sagen hören. Raschlo sprach überhaupt wenig. Ich schätzte ihn auf knapp sechzig Jahre. Sein leichter Akzent ließ mich fragen, woher er stammte. »Hultschiner Ländchen«,* antwortete er und schaute mich aufmerksam an. Ich nickte und sagte: »Mein Vater kam in den zwanziger Jahren aus dem Osten ins Ruhrgebiet.«

Nach wenigen Wochen wußte ich, was es über Herrn Raschlo zu wissen gab. Er war Junggeselle geblieben, bewohnte ein Zimmer im Obergeschoß eines alten Kaufhauses in der Innenstadt, kaufte sich in den großen Ferien eine Netzkarte für das gesamte Bundesgebiet und reiste in schnellen Zügen durch die Republik, verweilte nie länger als zwei Tage an einem Ort und war während der Schulzeit stets der erste auf dem Schulhof. Die meisten Kollegen lächelten nachsichtig, wenn die Rede auf Raschlo kam. Rektor Remmis sagte nur: »Er ist eine Seele von Mensch. *Eine Seele von Mensch, sage ich Ihnen.*«

Was er von ihm als Lehrer hielt, das drückte er anders aus. Herr Raschlo bekam alle zwei Jahre erneut ein erstes Schuljahr zugewiesen.

»Oben braucht man Mumm«, sagte Theo R. Tiek. »Mumm braucht man, Herr Kollege. Oben kann Raschlo sich nicht durchsetzen.«

»Unten auch nicht«, fügte Frau Becker bissig hinzu. Dieses Urteil war nicht ungerecht. Ich glaube, Herr Raschlo wollte sich auch gar nicht durchsetzen. Das, muß ich zugeben, irritierte mich oft. So ließ sich Raschlo häufig von seinen Schülern, wenn sie bereits früh morgens über den Schulhof jagten, die Schultaschen in die Hand drücken.

Hultschiner Ländchen: Gegend in Mähren (heute Tschechoslowakei)

Schwerbeladen, manchmal drei Taschen an jeder Hand, schritt er dann seine gewohnte Bahn bis zur Turnhalle am anderen Ende des Hofes und zurück zum Haupteingang.

Einmal hörte ich eine Mutter empört berichten, ihr Sohn Willi habe sich in der Klasse im Wandschrank versteckt und dort während des Unterrichts, *»während des Unterrichts, sage ich Ihnen«*, als Poltergeist gewirkt. Als Raschlo ihn endlich nach zwanzig Minuten dort ausfindig machte, habe er ganz ruhig gesagt: »Ach, Willi, da bist du ja. Ich habe mich schon gewundert, wo du stecken magst. Geh auf deinen Platz zurück.«

»Er läßt sich von den Kindern auf dem Kopf herumtanzen, sage ich Ihnen«, meinte die Mutter.

»Was halten Sie von den Schifferkindern?« fragte ich Raschlo. Er blinzelte mich durch seine scharfen Brillengläser hindurch ein wenig überrascht an. Nach seiner Meinung wurde er selten gefragt.

»Nicht leicht«, antwortete er kurz angebunden.

Ich verstand ihn falsch. Er meinte gar nicht seine Schwierigkeiten mit diesen Kindern. Nach einer Weile fügte er nämlich hinzu: »Wissen Sie, so viele Wochen ohne Mutter, ohne Vater. Da mag das Heim sich noch so große Mühe geben, es ist nicht leicht für die Kinder.«

Theo R. Tiek schritt neben uns. Er hatte an diesem Tag die Hofaufsicht. »Kollegen«, sagte er. »Sie wissen es doch auch, die Söhne und Töchter der Schiffer heiraten immer wieder untereinander. Die meisten Familien sind versippt und verschwägert. Das kann doch nicht gutgehen. Erblicherseits meine ich. Das Ergebnis? Dusselig. *Dusselig, sage ich Ihnen.«*

Raschlo lächelte nur. Ich erwiderte: »Die Pharaonen dachten anders darüber.«

»Wieso?« fragte Theo R. Tiek verblüfft.

»Sie duldeten Heiraten nur im engsten Familienkreis. Oft wurden sogar Schwester und Bruder ein Ehepaar.«

Theo R. Tiek schüttelte verwundert den Kopf. »Nur gut, daß Sie ein Einzelkind sind«, rief er schließlich und lachte laut.

Länger als ein Jahr war ich inzwischen Lehrer an dieser Schule. Wenn ich auch Theo R. Tieks Rezepturen mit Stock und Stimme längst als Hilflosigkeit eines Mannes erkannt hatte, der besser einen anderen Beruf gesucht hätte, so mußte ich doch eines anerkennen: Was die Schifferkinder betraf, schien er klarzusehen.

»Ich rede oft wie gegen eine Wand an«, gestand ich dem Rektor Remmis in einer Stunde ziemlicher Ratlosigkeit und voller Zweifel, ob Lehrer wohl ein Beruf sei, dem ich ein ganzes Leben lang standhalten könne.

Remmis schaute mich lange an und sagte dann: »Sie haben inzwischen gelernt, Ihren Unterricht so zu stufen, daß die Schüler von Einsicht zu Einsicht schreiten. Jedesmal, wenn Ihre Schritte zu groß werden, wenn Sie wichtige Phasen überspringen, dann hängen Sie einen Teil der Klasse ab.«

»Richtig«, bestätigte ich, aber ich konnte den Zusammenhang nicht erkennen.

»Wenden Sie das bitte auch auf sich an«, sagte er leise. »Lehrer müssen es lernen, mit sich selbst Geduld zu haben. Nicht auf alle Fragen finden sich schnell Antworten.«

Genau eine Woche nach diesem Gespräch kam Herr Raschlo in der großen Pause ins Lehrerzimmer. Das geschah sonst nur bei Konferenzen. Er war aufgeregt, hatte seine Brille abgenommen und drehte sie zwischen den Fingern.

»Ich wollte Ihnen erzählen...« begann er und stockte dann.

Alle blickten ihn erstaunt an. Raschlo wollte etwas erzählen? Selbst Frau Becker verstummte.

»Na ja«, setzte Herr Raschlo noch einmal an. »Ich habe meinem zweiten Schuljahr das Märchen vom dicken fetten Pfannkuchen erzählt.«

»Das habe ich in der vorigen Woche sogar mit meiner Klasse gespielt«, kicherte Frau Welting. »Der Klaus Spindler war ein herrlicher dicker Pfannkuchen.«

Niemand achtete auf sie.

»Weiter, Herr Raschlo«, drängte Rektor Remmis.

»Der Pfannkuchen läuft ja durchs ganze Haus.« Raschlo sprach an diesem Tag mit besonders hartem Akzent. Er war ziemlich blaß. »Ich habe die Kinder gefragt: ›Wohin lief der Pfannkuchen, Kinder, was meint ihr?‹ In der Hand hielt ich ein Stück Kreide. Jeden Ort, den die Kinder nennen würden, wollte ich an die Tafel schreiben. Plötzlich meldete sich der kleine Peter Tappert.«

»Das Schifferkind Tappert meldete sich?« fragte Frau Becker ungläubig.

»Der kleine Peter Tappert«, wiederholte Raschlo. »Ich nahm ihn selbstverständlich an die Reihe. ›Der Pfannkuchen lief in die Roef*‹, sagte er. Und dann flogen die Hände aller Schifferkinder hoch. Alle wollten sprechen. ›Am Bugspriet* kletterte er entlang!‹ ›Er rannte um den Poller*.‹ ›Er kroch durch die Klüse*.‹ ›Er jagte durch das

Roef: Schlafraum auf dem Deck eines Segelschiffes (gewöhnlich Roof geschrieben)
Bugspriet: schräg über den Bug hinausragender Mastbaum
Poller: Klotz zum Festmachen der Seile
Klüse: Loch in der Schiffswand für die Seile oder Ketten

Gangbord*.‹ ›Er rutschte am Spill* herunter.‹« Raschlo verstummte.
»Ja, konnten Sie denn diese komischen Wörter richtig schreiben?«
fragte Frau Becker.
»Nicht alle«, gab Raschlo zu.
»Und?« sagte Frau Becker begriffsstutzig.
»Na ja, sie sprechen eben nicht unsere Sprache, die Schifferkinder«,
schloß Herr Raschlo und verließ das Lehrerzimmer.
Eine Weile saßen wir alle stumm da.
»Ich glaube«, sagte Rektor Remmis schließlich, »ich glaube, wir
selbst waren es, die zu wenig beschlagen waren.«
»Dusselig!« rief Theo R. Tiek und schlug sich gegen die Stirn. Die
Pausenklingel schrillte. Wir liefen auseinander. Von diesem Tag an
hatte das Wort »Schifferkinder« in unserem Kollegium einen anderen
Klang. Ich jedenfalls lernte in den folgenden Wochen 132 neue Wörter
und Begriffe von Schiffen und Häfen, die ich sorgfältig in einem
Vokabelheft notierte.
Ich bin längst nicht mehr Lehrer in der Schule nahe am Hafen und
habe gehört, daß das Schifferkinderheim vor einigen Jahren aufgelöst
worden ist. Jetzt sollen Spätaussiedler aus Polen in dem Hause sein.
Die Zeiten ändern sich eben.
Ändern sich die Zeiten?

*Willi Fährmann, geboren 1929 in Duisburg, ist Schulrat und bekannt als
Kinder- und Jugendbuchautor.*

Einhundertsiebenundachtzig Stufen
Renate Welsh

Die vierundneunzigste Stufe. Er hielt sich am Geländer fest und führte
die Uhr nah an die Augen. Siebenundzwanzig Minuten hatte er
gebraucht. Das war gar nicht schlecht. Gestern waren es zweiunddrei-
ßig gewesen. Er war auch nicht so sehr außer Atem wie sonst.
Er drehte sich um, lehnte sich an die Betonsäule und nahm die
Brille ab. Die Gläser waren angelaufen.
Das Licht blendete ihn, obwohl die Sonne hinter einer Wolkenbank
stand. Er schloß die Augen und versuchte, sich in Erinnerung zu

Gangbord: der schmale Raum zwischen Oberbau und Rand des Schiffes
Spill: Winde zum Hochziehen des Ankers

20

rufen, wie der Hügel von hier abfiel bis hinunter zur Hauptstraße, wie die Bäume, die Sträucher, die Häuser aussahen. Es gelang ihm nicht mehr ganz. Manche Einzelheiten waren verloren. Hatten die Balkone an dem großen gelben Haus unten schmiedeeiserne Gitter oder eine gemauerte Brüstung? Er setzte die Brille wieder auf und starrte angestrengt – mit gerunzelter Stirn – hinunter. Das Haus blieb ein gelber Fleck. Ein gelber Fleck neben einem grauen Fleck, mit unregelmäßigen grünen Flecken davor.

Er wußte, daß die grünen Flecke Bäume waren. Er wußte, daß der graue Fleck das Haus war, das gebaut worden war, als er zum ersten Mal im Krankenhaus lag. Damals hatte er den gelben Kran noch sehen können, mit allen Verstrebungen.

Plötzlich sah er einen blauen Schmetterling. Sah die vier Flügel, sah die zitternden Fühler.

Hin und wieder kam es immer noch vor, daß er etwas klar und deutlich erkannte. Wie früher. Nein, viel schärfer als früher, kupferstichgenau vor verschwommenem Hintergrund. Er wußte nur nicht, ob ihn die Erinnerung narrte; ob er sah – mit den Augen sah – oder ob sein Gehirn aus einem Farbschatten ein Bild machte. Es war nicht überprüfbar. Er hatte lange nichts gesehen, das er nicht schon früher gesehen hatte, hunderte Male gesehen hatte, in der Zeit vor der Krankheit.

Er machte sich wieder auf den Weg.

Rechtes Bein, linkes Bein nachziehen, Atemholen. Weiter. Rechtes Bein, linkes Bein nachziehen, Atemholen.

Bei jeder dritten oder vierten Stufe mußte er nachhelfen, den Oberschenkel mit den Händen fassen, das Bein hochheben. Er schwitzte, vor allem am Brillenrand und auf der Oberlippe. Seine Tasche schnitt von Stufe zu Stufe mehr in seine Schulter ein. Der Kassettenrecorder war eben doch schwer.

Hoffentlich waren die Bänder überhaupt zu brauchen.

Er mußte den Recorder immer in die Bank stellen. Der Direktor hatte gesagt, er verstehe zwar die Schwierigkeit seiner Lage, aber es sei nun einmal nicht erlaubt, die Schulstunden auf Band mitzuschneiden.

Trotzdem tat er es. Wie sollte er sonst lernen?

Der Direktor hatte leicht reden. Wenn der ein Buch öffnete, sah er eine bedruckte Seite vor sich, mit sinnvollen Zeichen. Die Mutter meinte, er solle Braille* lernen.

Braille: Blindenschrift

Sicher hatte sie recht. Aber er konnte sich nicht dazu entschließen, Blindenschrift zu lernen. An guten Tagen konnte er seine Notizen lesen, mit rotem Filzstift auf große Blätter geschrieben. Und wer sagte denn, daß die Krankheit ihm nicht auch bald das Gefühl in den Fingerspitzen nehmen würde? So wie sie ihm die Kraft in den Beinen genommen hatte. Und den Dingen die Schärfe?

Die Ärzte behaupteten zwar, das sei nicht wahrscheinlich. Aber die Ärzte hatten schon viel behauptet, vor allem am Anfang. Bevor alles so endgültig wurde.

Es tue ihm ja leid, hatte der Direktor gesagt. Aufrichtig leid. Aber wenn man einmal eine Ausnahme mache, dann sei kein Ende abzusehen.

Er hörte Schritte hinter sich. Ein Mädchen ging vorbei. Ihr grüner Rock flatterte, streifte ihn fast. Ein ganz leichter Sandelholzduft traf ihn. Als er ihn einatmen wollte, war er schon verweht. Ein paar Stufen höher zögerte das Mädchen, dann lief es weiter. Klapperte einen Rhythmus auf die Stufen. Er war froh, daß sie weiterging. Auf diese mitleidigen Blicke konnte er verzichten. Aus diesem Grund wartete er oft zwei Straßenbahnen ab. Er wollte nicht, daß ihm jemand zuschaute, wenn er mühselig einstieg. Und die Leute, die ihm zu helfen versuchten, machten es oft nur schwieriger.

Das Mädchen war nur mehr ein grüner Schatten, verhallende Tritte. Regelmäßig wie Trommelschläge. Jetzt bog sie in den Kiesweg ein, der zur Straße hinaufführte. Der Kies knirschte anders als unter seinen eigenen Schritten. Fröhlicher. *Knirschen* und *fröhlich* paßte eigentlich gar nicht zusammen.

Aber wie sollte man das sonst bezeichnen, dieses leichte Abrollen, dieses Geräusch von Kiesel, der auf Kiesel traf?

Es war im letzten Jahr für ihn immer wichtiger geworden, Dinge, Stimmungen, Erfahrungen zu benennen. Möglichst genau festzuhalten. Je enger der Kreis wurde, in dem er sich bewegen konnte, um so stärker wurde dieses Bedürfnis. Gleichzeitig wurde es immer schwieriger, gerade weil in dieser Enge auch die kleinsten Unterschiede ihre Bedeutung hatten.

Es kam ihm vor, als lebe er in einem Wassertropfen und betrachte diesen Wassertropfen gleichzeitig durch ein starkes Mikroskop. Er wußte, daß die Enge von heute noch nicht die endgültige war, daß seine Welt immer weiter schrumpfen würde.

Er stieg weiter.

Eine Stufe, nächste Stufe. Plötzlich ging es nicht mehr. Er packte den linken Oberschenkel und hob das Bein mit großer Anstrengung hoch, verlor das Gleichgewicht und mußte sich am Geländer festhalten. Durchatmen, tief durchatmen, bis die Bauchdecke zittert. Nochmals durchatmen.

Vor zwei Monaten hatte er zum letzten Mal versucht, sich die Pulsadern durchzuschneiden. Er verzog den Mund. Die Haut hatte er geritzt! Zugesehen hatte er, wie das Blut tropfte. Bis seine Mutter hereingekommen war. Sie hatte nicht geschrien, sie hatte nicht gefragt:»Wie kannst du mir das antun?« Sie hatte nicht einmal geweint. Er war ihr dankbar dafür. Andere Mütter taten das. Er hatte es selbst gehört, als er nach dem ersten Versuch in der psychiatrischen Klinik lag. Die Mutter hatte ihm die Hand verbunden und den Arzt gerufen, der verstand, daß er nicht in die Klinik wollte. Den, der ihm nie Märchen erzählt hatte.

Als die Wunden abheilten, juckten sie sehr.

Schon fast drei Uhr. Er hatte Hunger. Die zweite Hälfte der langen Treppe war immer die schwierigere. Trotzdem war er froh, daß die Eltern den Plan aufgegeben hatten, seinetwegen nach unten zu ziehen. Seine ersten Erinnerungen hingen mit dieser Treppe zusammen.

Seinen Großvater, der ihn an der Hand führte, sah er überhaupt nur auf dieser Treppe, hoch über sich. Er hatte den Kopf in den Nacken legen müssen, um Großvaters Gesicht zu sehen. Er hörte die tiefe Stimme, die ihm – eins, zwei, eins, zwei – die Stufen erklettern half. Die Geduld, die der Großvater für ihn aufgebracht hatte!

Er sah sich und seinen Freund Hannes von diesen Stufen herunterspringen. Hannes hatte sechs geschafft, er selbst hatte es nur bis zu fünf gebracht. Auf dieser Treppe war Jerusalem erobert worden. Und Fort Washington.

Er konnte sich noch genau erinnern, wie er hinaufgerannt war, in vollem Kriegsschmuck.

Heute war eigentlich ein guter Tag. Nicht nur, weil er den blauen Schmetterling gesehen hatte.

Konrad hatte gesagt:»Sei nicht so blöd.«

Komisch, daß das als Lichtblick zählte.

Oder doch nicht komisch.

Es zeigte an, daß Konrad aufgehört hatte, ihn mit dieser ausgesuchten Rücksichtnahme zu behandeln, die vor Mitleid triefte. Er haßte Mitleid. Es nahm ihm den letzten Rest von Selbstachtung. Dieses Mitleid, das ihm immer zu sagen schien:»Herr, ich danke dir, daß ich nicht so bin wie jener.«

Pharisäermitleid.

Eine von den vielen Möglichkeiten, die die anderen hatten, sich die Krankheit, die Angst, die Verzweiflung vom Leib zu halten.

Die Feuerzange, mit der sie ihn anfaßten.

Als ob er nicht schon eingemauert wäre durch seine Krankheit! Mußten sie mit ihrem Mitleid eine weitere Mauer rund um ihn bauen, noch eine Trennwand zwischen sich und ihn? Aber es gab ja gar keinen Anlaß, wütend zu werden. Keinen Grund für Knoten im Hals. Konrad hatte gesagt: »Sei nicht so blöd.« Genau wie er es zu allen anderen sagte, wenn er sich ärgerte.

Er stieg ein paar Stufen fast ohne Schwierigkeiten hoch, mußte nur kurz Luft schnappen, wenn er das zweite Bein nachgezogen hatte.

Ein leichter Wind wehte vom Hügel herunter, gesättigt mit dem Duft von frisch geschnittenem Gras.

Renate Welsh, geboren 1937 in Wien, wo sie auch heute noch lebt. Sie hat viele Kinder- und Jugendbücher geschrieben, die sich durch soziales Engagement und genaue Beobachtung auszeichnen.

Mit Musik im Regenwind fliegen
Kurt Marti

Es regnet. Das Karussell steht leer. Der Platz vor der Schießbude ist ein Morast. Die Eisbude ist geschlossen. Nur eine der Schiffsschaukeln schwingt noch auf und nieder, Schlagermusik orgelt ins graue Land. Aus dem Dorf kommt niemand bis hier hinaus bei diesem Regen. Nur einmal tauchten zwei Knaben auf, in Winterblusen und Kapuzen vor dem Regen geschützt. Sie drehten für dreißig Rappen* einige Karussellrunden. Dann platschten sie durch braune Ackerpfützen zurück ins Dorf. Es regnet, regnet, der Nebel hängt in den Bäumen, naßkalt bläst Wind übers offene Feld. Sie ist verrückt, denkt er und fröstelt im Regenmantel. He, ruft er, du holst dir noch was. Sie schwingt ihre Schaukel. Du holst dir noch eine Lungenentzündung, sagt er, als er die Schaukel stoppt und sie wiederum vierzig Rappen aus dem Handtäschchen klaubt. Sie zuckt die Schultern, das blonde Haar hängt strähnig und naß. Nur daß du es weißt, sagt er und stößt die Schaukel von neuem an, und nach drei, vier Schwüngen sticht der Bug bereits in die blaue Deckenbespannung, so daß er beim nächsten Durchgang unten die Bretterbremse betätigen muß. Die ist verrückt,

Rappen: schweizerische Münze, entspricht den Pfennigen

denkt er sich, und naß bis auf die Knochen dazu. Hast du nicht kalt, fragt er, als sie das nächste Mal zahlt. Naß klebt ihr Sommerkleidchen am Leib. Wie alt bist du denn, fragt er. Schnippisch blickt sie an ihm vorbei und sagt ins Ungefähre, vierzehn. Dann fliegt sie wieder, fliegt hoch, daß er bremsen muß, und die Schlager orgeln in den Regen hinaus. Hast du noch viel Geld, fragt er beim nächsten Halt. Jetzt lacht sie mit weißen Zähnen. Oh, denkt er, als die Schaukel von neuem fliegt, was für ein Kind, ein mickriges Kaff, und dann dieser Regen, doch was für ein Kind! Jetzt laß ich dich nur noch einmal, sagt er beim nächsten Halt, ich habe kalt und du auch, du wirst ja noch krank.

Er läßt sie noch einmal; sie fliegt, er bremst, sie fliegt von neuem, er bremst, die Schlager orgeln, der Regen kommt schräg und kalt mit dem Wind. Also, sagt er, Schluß jetzt, geh heim, es wird bald dunkel. Ja, sagt sie, jetzt geh ich, und schlendert davon, das Täschchen schwenkend, sie zeigt keine Eile, sie schlendert und tapst mit den Sommersandalen in Schlamm und in Pfützen, so daß es die nackten Waden bespritzt. Mit Musik im Regenwind fliegen, es gibt so viel Musik in der Welt.

Kurt Marti, geboren 1921 in Bern/Schweiz, wo er auch heute lebt. Marti ist Pfarrer und Schriftsteller. Er schreibt Kurzprosa und Gedichte.

Die Metzgerlehre
Leonie Ossowski

Ein Schwein wurde geschlachtet. Es war Fietschers erster Arbeitstag, bisher hatte er noch nichts zu tun. Er sah nur das Schwein an und dachte darüber nach, wie es wohl sterben würde.

Fietscher hatte nie Metzger werden wollen. Er wollte nicht schlachten, nicht Fleisch schneiden, keine Wurst machen und nicht im Blut rühren.

Er wollte zur See fahren, und das hatte man ihm verboten. Was also dann? Genau das wußte er nicht. Trotz vieler Vorschläge hatte er sich für nichts anderes als für das Aufdemwasserherumfahren entscheiden können. Trotzdem sagte der Vormund: Metzger. Jeder Widerspruch blieb sinnlos.

Also das Schwein. Es lief herum und quiekte und war groß und fett. Ein schönes Schwein, von dem man lange essen konnte, sagte der

Bauer, während die Bäuerin Eimer und Schüsseln für das Blut zurechtstellte. Das Schwein lief hin und her. Nicht sehr weit, denn es war am Hinterbein an einen Baum gebunden und sah Fietscher unter rosa Wimpern an.

Steh nicht so rum, sagte der Metzger, dem – wie den meisten Metzgern – ein Finger von den Händen fehlte, hol das Schießeisen.

Fietscher lief zum Auto und kam unverrichteter Dinge zurück. Er hatte das Schießeisen in der Metzgerei liegen gelassen. Da fiel dem Metzger ein gutes Mittel gegen Fietschers Vergeßlichkeit ein.

Fietscher sollte jetzt das Schwein selber totschlagen. Die Bäuerin war dagegen, hatte das Schwein ein Jahr gefüttert und eine Beziehung zu ihm gewonnen, der Bauer nicht. Fietscher wurde blaß, und es würgte ihn im Hals. Das Schwein quiekte, zwinkerte und spürte Angst. Das sah Fietscher ihm an.

Ich kann nicht, sagte er.

Der Metzger war anderer Meinung, drückte ihm eine Axt in die Hand, stand mit einem großen Vorschlaghammer neben ihm, bereit, den zweiten Schlag zu führen, und schon im vorhinein Fietscher nichts zutrauend.

Also los!

Ich kann nicht.

Da bekam Fietscher einen Schlag, nicht doll und vorerst nur ins Genick, aber er stolperte, fiel vorneüber auf das Schwein, umarmte es, um nicht in den Dreck zu rutschen, und sah sich Auge in Auge mit ihm.

Alle lachten: die Bäuerin, der Bauer, der Metzger.

Los!

Fietscher stand auf und wußte Bescheid. Auch das Schwein wußte wohl Bescheid, quiekte jedenfalls nicht mehr, zeigte Vertrauen und stand ganz still.

Da schlug Fietscher mit dem verkehrten Ende der Axt zu.

Es war ein großartiger Schlag. Das Schwein fiel gleich um. Der Metzger brauchte nicht zum Nachschlag auszuholen. Fietschers Schlag hatte genügt. Hohl und dumpf dröhnte er auf dem Schweineschädel, brummte noch nach und hinterließ keine Spur. Das Schwein hatte nicht einmal mehr Zeit gehabt, die Augen zuzumachen, so gut saß der Schlag.

Der Metzger war sehr zufrieden, warf den Hammer weg und stach das Tier ab. Die Bäuerin holte die Schüssel für das Blut, der Bauer das Wasser für den Trog. Alles ging wie am Schnürchen.

Nur in Fietschers Ohren brummte der Schlag und fing dort ein Getöse an, so daß er die Zurufe des Metzgers nicht verstand!

Weiß der Himmel, wie lange er nutzlos herumgestanden oder auch diesen oder jenen Handgriff gemacht hatte. Plötzlich drückte ihm der Metzger den Kopf des Schweines in die Hand. Trag ihn in die Küche! Fietscher hielt den Schweinekopf an den Ohren. Die offenen Augen waren auf ihn gerichtet. Immer noch läppisch vertrauensselig sah das tote Vieh ihn an.

Da rannte er los. Nicht in die Küche, sondern am Haus vorbei, herunter zum Neckar bis zur Brücke, unter der ein Kahn mit Koks durchfuhr. Fietscher ließ den Schweinekopf fallen, mitten auf den Koks, wo er still und rosa liegen blieb und nun mit offenen Augen in aller Ruhe bis Stuttgart fahren würde.

Und endlich hörte das Brummen vom Schlag in Fietschers Ohren auf. Er ging zurück zum Metzger, steckte ohne Mucken und Tränen gewaltige Prügel ein, ohne eine Erklärung für sein Handeln abzugeben. Eine Zufriedenheit hatte ihn mit dem Davonfahren des Schweinekopfes auf dem Schiff erfüllt, die ihm niemand nehmen konnte.

Leonie Ossowski, geboren 1925 in Schlesien (heute Polen), wo sie bis Kriegsende lebte. Sie schreibt Romane und Erzählungen für Jugendliche und Erwachsene und hat auch Filme gedreht. Sie lebte viele Jahre in Mannheim, heute wohnt sie in (West-)Berlin.

Das dritte Opfer im Kriminalfall X
Gina Ruck-Pauquèt

»Am frühen Abend des 4. 11. 77 wurde auf den 65jährigen Inhaber eines Schreibwarengeschäftes ein Raubüberfall verübt. Der alte Mann wurde dabei niedergeschlagen. Stunden später nahm die Polizei einen arbeitslosen 18jährigen fest. Die Beute, bestehend aus 250,– DM in bar und einer goldenen Uhr, wurde sichergestellt.«

Der alte Mann hatte das Geschäft schon längst aufgeben wollen. Immer abends, wenn er im Bett lag, stellte er sich vor, daß er nicht mehr hinterm Ladentisch stehen mußte.

Er stellte sich den Park vor, in dem er spazierengehen würde. Und daß es ein Ende hätte mit den Kindern. Ein großer Teil der Kunden des alten Mannes waren Kinder.

»Einen Bleistift, einen Radiergummi, ein Heft mit Linien.«
Der alte Mann hatte Kinder nie besonders gemocht. Vielleicht wäre das anders gewesen, wenn sein Sohn nicht gleich nach der Geburt gestorben wäre. Aber so war es nun mal.

Der junge Mann hatte schon lange ein Ding drehen wollen. Wegen der anderen. Um es ihnen zu zeigen. Weil sie sagten, daß er ein Schwächling war.
Was würde sein, wenn sie ihn nicht mehr mitnahmen? Seit er keine Arbeit hatte, war er noch mehr auf sie angewiesen.
Manchmal, wenn er vor dem Spiegel stand, schaute er sich selber in die Augen, bis ihm die Tränen kamen.

Die Frau hatte schon lange vor, mit dem Jungen zu reden. Er war verändert in der letzten Zeit.
Sicher gab es viele, die keine Arbeit hatten. Aber ihm setzte es zu. Er war immer empfindsam gewesen. Vielleicht lag es daran, daß er ohne Vater aufgewachsen war. So hatte er sich nur an ihr orientiert.
Die Frau wußte nicht, was der Junge den ganzen Tag tat. Wenn sie aus der Fabrik kam, aßen sie zu Abend. Dann ging er, um seine Freunde zu treffen.

Daß der alte Mann dann sein Geschäft doch nicht aufgab, lag an den Sonntagen. Morgens freute er sich noch, weil so viele Stunden vor ihm lagen, in denen er frei war.
Aber mittags schon spürte er, daß die Stunden so leer waren wie Kuverts, in denen keine Briefe steckten.
Als seine Frau noch lebte, hatten sie manchmal gelacht. Er wußte nicht mehr, worüber sie gelacht hatten. Sie hatten auch gestritten damals. Dann hatte sie geweint.

Daß der junge Mann das Ding bisher nicht gedreht hatte, lag daran, daß er Angst hatte. Er hatte Angst, es zu tun.
Daneben hatte er Angst vor dem Spott der anderen. Er war halt niemand Besonderes. Die anderen wußten besser, wo's langging.
Als er Jimbi kennenlernte, brachte sie ihm eine dritte Angst. Es war die Angst, sie wieder zu verlieren. Jimbi war vorher mit einem Typ zusammengewesen, der wußte, wie man zu Geld kam.
Der Junge konnte ihr nichts bieten. Er war der einzige von allen, der nicht mal ein Motorrad hatte.

Daß die Frau dann doch nicht mit dem Jungen sprach, lag daran, daß er ihr gleich das Wort abschnitt. Er strich ihr über den Arm und sagte, sie solle sich keine Sorgen machen.

Und weil die Frau müde war, blätterte sie noch ein bißchen in Illustrierten oder strickte, bis sie darüber einschlief.

An dem Tag, an dem es geschah, hatte der alte Mann schon morgens Sodbrennen gehabt. Eigentlich hatte er den Laden schließen wollen. Aber die Vorstellung, in der einen Hälfte des Doppelbettes zu liegen, bis endlich die Dämmerung ins Zimmer kroch, hatte ihn davon abgehalten.

An dem Tag, an dem es geschah, hatte Jimbi zum zweitenmal gesagt, daß sie auch was vom Leben haben wolle. Da war die Angst, wieder allein zu sein, stärker gewesen als die Angst, es zu tun.

Der junge Mann hatte längst ein Auge auf den Schreibwarenladen geworfen. Als er sich dahin aufmachte, war das Hemd unter seinen Armen naßgeschwitzt.

Er dachte kurz an seine Mutter. Sie erschien ihm schon lange sehr weit entfernt.

An dem Tag, an dem es geschah, war nichts anders als sonst. Als die Frau am Fließband stand, dachte sie an den Jungen. Er hatte als Kind immer an die See gewollt.

Wenn es Überstunden gab, konnten sie vielleicht für ein paar Tage hin. Ein wenig hatte die Frau gespart. Sie schloß kurz die Augen und sah ihn im Sand spielen. Dann machte sie die Augen wieder auf und schüttelte den Kopf. Sie vergaß manchmal, daß er erwachsen war.

Als plötzlich der Kerl mit der Pistole vor ihm stand, hatte der alte Mann für den Bruchteil einer Sekunde gewünscht, es möge nun alles vorüber sein.

Dann hatte er angefangen zu schreien.

Als der junge Mann die Gaspistole hob, fing der Alte an zu schreien. Sein Mund war weit aufgerissen, und er schrie so laut, daß im nächsten Moment die Regale zusammenstürzen würden. Die Schaufensterscheibe würde bersten, und Menschen würden hereinquellen.

In diesem Augenblick wuchsen die Ängste zusammen, wurden eine Angstlawine, die den Jungen zu ersticken drohte.

Da schlug er dem alten Mann die Gaspistole auf den Kopf. Der

Körper sackte mit einem matten Geräusch seitlich weg. In der Kasse waren 250,– DM und eine goldene Uhr.

Als der Junge heimkam, wußte die Frau gleich, daß etwas passiert war. Er schloß sich im Bad ein.

Kurz darauf kam die Polizei.

Die Frau wollte den Jungen in die Arme nehmen, aber das konnte sie dann nicht. Es war zu vieles unterlassen worden zwischen ihnen. Er ging mit den Männern hinaus, und sie sah ihm vom Fenster aus nach.

Später kam der alte Mann wieder zu sich. Er lag nun doch im Bett. Es ging ihm schlechter als vorher. Sein Schädel dröhnte, wie er es nie erlebt hatte.

Er versuchte zu fliehen, davor zu fliehen, in den Schlaf hineinzukriechen. Aber es gelang ihm nicht. Erst als eine Frau die Hand auf seine Stirn legte, schlief er ein.

Später, als der junge Mann ausgesagt hatte, sperrten sie ihn in eine Zelle. Er setzte sich auf sein Bett und weinte. Er hatte sich lange nicht so wohl gefühlt wie in diesem Augenblick.

Später stand die Frau in der Mitte des Zimmers. Sie war ganz allein. Man hatte sie nicht ins Krankenhaus gebracht, und sie war nicht vernommen worden. Niemand hatte ihr die Hand auf die Stirn gelegt. Keiner hatte ihr zugehört.

Die Frau hatte ihr Zimmer mit dem Sofa, dem Fenster, dem Kühlschrank mit Wurst und Käse darin, die Illustrierten und den angefangenen Pullover.

Aber die Frau hatte keine Ruhe, auf dem Sofa zu sitzen. Wenn sie zum Fenster hinausschaute, sah sie die Wohnungen der Leute, die schon morgen mit Fingern nach ihr zeigen würden.

Ihr Sohn hatte einen Menschen überfallen.

Die Frau hatte keinen Hunger. In den Illustrierten fände sie zwischen den Zeilen nur Hinweise auf ihre eigene Schuld. Und der Pullover, an dem sie gestern noch Masche um Masche zu stricken freute, bedeutete nichts mehr.

Es wurde Nacht.

Der Verletzte kriegte ein Schlafmittel.

Der Täter hatte nun keine Angst mehr.

Die Frau stand in der Mitte des Zimmers.

Am anderen Morgen lasen die Leute die Meldung in der Zeitung. Ein alter Mann wurde das Opfer eines Verbrechens, ein junger Mann das Opfer seiner Angst.

Daß es in diesem Fall ein drittes Opfer gab, blieb unbekannt.

Gina Ruck-Pauquèt, geboren 1931 in Köln, lebt in Bad Tölz (Oberbayern) und schreibt für Kinder, Jugendliche und junge Erwachsene.

Spaghetti für zwei

Federica de Cesco

Heinz war bald vierzehn und fühlte sich sehr cool. In der Klasse und auf dem Fußballplatz hatte er das Sagen. Aber richtig schön würde das Leben erst werden, wenn er im nächsten Jahr seinen Töff bekam und den Mädchen zeigen konnte, was für ein Kerl er war. Er mochte Monika, die Blonde mit den langen Haaren aus der Parallelklasse, und ärgerte sich über seine entzündeten Pickel, die er mit schmutzigen Nägeln ausdrückte. Im Unterricht machte er gerne auf Verweigerung. Die Lehrer sollten bloß nicht auf den Gedanken kommen, daß er sich anstrengte.

Mittags konnte er nicht nach Hause, weil der eine Bus zu früh, der andere zu spät abfuhr. So aß er im Selbstbedienungsrestaurant, gleich gegenüber der Schule. Aber an manchen Tagen sparte er lieber das Geld und verschlang einen Hamburger an der Stehbar. Samstags leistete er sich dann eine neue Kassette, was die Mutter natürlich nicht wissen durfte. Doch manchmal – so wie heute – hing ihm der Big Mac zum Hals heraus. Er hatte Lust auf ein richtiges Essen. Einen Kaugummi im Mund, stapfte er mit seinen Cowboystiefeln die Treppe zum Restaurant hinauf. Die Reißverschlüsse seiner Lederjacke klimperten bei jedem Schritt. Im Restaurant trafen sich Arbeiter aus der nahen Möbelfabrik, Schüler und Hausfrauen mit Einkaufstaschen und kleinen Kindern, die Unmengen Cola tranken, Pommes frites verzehrten und fettige Fingerabdrücke auf den Tischen hinterließen.

Viel Geld wollte Heinz nicht ausgeben; er sparte es lieber für die nächste Kassette. »Italienische Gemüsesuppe« stand im Menü. Warum nicht? Immer noch seinen Kaugummi mahlend, nahm Heinz ein Tablett und stellte sich an. Ein schwitzendes Fräulein schöpfte die Suppe aus einem dampfenden Topf. Heinz nickte zufrieden. Der Teller war ganz ordentlich voll. Eine Schnitte Brot dazu, und er würde bestimmt satt.

Er setzte sich an einen freien Tisch, nahm den Kaugummi aus dem Mund und klebte ihn unter den Stuhl. Da merkte er, daß er den Löffel vergessen hatte. Heinz stand auf und holte sich einen. Als er zu seinem Tisch zurückstapfte, traute er seinen Augen nicht: Ein Schwarzer saß an seinem Platz und aß seelenruhig seine Gemüsesuppe!

Heinz stand mit seinem Löffel fassungslos da, bis ihn die Wut packte. Zum Teufel mit diesen Asylbewerbern! Der kam irgendwo aus Uagadugu, wollte sich in der Schweiz breitmachen, und jetzt fiel ihm nichts Besseres ein, als ausgerechnet seine Gemüsesuppe zu verzehren! Schon möglich, daß sowas den afrikanischen Sitten entsprach, aber hierzulande war das eine bodenlose Unverschämtheit! Heinz öffnete den Mund, um dem Menschen lautstark seine Meinung zu sagen, als ihm auffiel, daß die Leute ihn komisch ansahen. Heinz wurde rot. Er wollte nicht als Rassist* gelten. Aber was nun?

Plötzlich faßte er einen Entschluß. Er räusperte sich vernehmlich, zog einen Stuhl zurück und setzte sich dem Schwarzen gegenüber. Dieser hob den Kopf, blickte ihn kurz an und schlurfte ungestört die Suppe weiter. Heinz preßte die Zähne zusammen, daß seine Kinnbacken schmerzten. Dann packte er energisch den Löffel, beugte sich über den Tisch und tauchte ihn in die Suppe. Der Schwarze hob abermals den Kopf. Sekundenlang starrten sie sich an. Heinz bemühte sich, die Augen nicht zu senken. Er führte mit leicht zitternder Hand den Löffel zum Mund und tauchte ihn zum zweiten Mal in die Suppe. Seinen vollen Löffel in der Hand, fuhr der Schwarze fort, ihn stumm zu betrachten. Dann senkte er die Augen auf seinen Teller und aß weiter. Eine Weile verging. Beide teilten sich die Suppe, ohne daß ein Wort fiel. Heinz versuchte nachzudenken. »Vielleicht hat der Mensch kein Geld, muß schon tagelang hungern. Dann sah er die Suppe da stehen und bediente sich einfach. Schon möglich, wer weiß? Vielleicht würde ich mit leerem Magen ähnlich reagieren? Und Deutsch kann er anscheinend auch nicht, sonst würde er da nicht sitzen wie ein Klotz. Ist doch peinlich. Ich an seiner Stelle würde mich schämen. Ob Schwarze wohl rot werden können?«

Rassist: jemand, der gegen Menschen anderer Abstammung eingestellt ist

Das leichte Klirren des Löffels, den der Afrikaner in den leeren Teller legte, ließ Heinz die Augen heben. Der Schwarze hatte sich zurückgelehnt und sah ihn an. Heinz konnte seinen Blick nicht deuten. In seiner Verwirrung lehnte er sich ebenfalls zurück. Schweißtropfen perlten auf seiner Oberlippe, sein Pulli juckte, und die Lederjacke war verdammt heiß! Er versuchte, den Schwarzen abzuschätzen. »Junger Kerl. Etwas älter als ich. Vielleicht sechzehn oder sogar schon achtzehn. Normal angezogen: Jeans, Pulli, Windjacke. Sieht eigentlich nicht wie ein Obdachloser aus. Immerhin, der hat meine halbe Suppe aufgegessen und sagt nicht einmal danke! Verdammt, ich habe noch Hunger!«

Der Schwarze stand auf. Heinz blieb der Mund offen. »Haut der tatsächlich ab? Jetzt ist aber das Maß voll! So eine Frechheit! Der soll mir wenigstens die halbe Gemüsesuppe bezahlen!« Er wollte aufspringen und Krach schlagen. Da sah er, wie sich der Schwarze mit einem Tablett in der Hand wieder anstellte. Heinz fiel unsanft auf seinen Stuhl zurück und saß da wie ein Ölgötze. »Also doch: Der Mensch hat Geld! Aber bildet der sich vielleicht ein, daß ich ihm den zweiten Gang bezahle?«

Heinz griff hastig nach seiner Schulmappe. »Bloß weg von hier, bevor er mich zur Kasse bittet! Aber nein, sicherlich nicht. Oder doch?«

Heinz ließ die Mappe los und kratzte nervös an einem Pickel. Irgendwie wollte er wissen, wie es weiterging.

Der Schwarze hatte einen Tagesteller bestellt. Jetzt stand er vor der Kasse und – wahrhaftig – er bezahlte! Heinz schniefte. »Verrückt!« dachte er. »Total gesponnen!«

Da kam der Schwarze zurück. Er trug das Tablett, auf dem ein großer Teller Spaghetti stand, mit Tomatensauce, vier Fleischbällchen und zwei Gabeln. Immer noch stumm, setzte er sich Heinz gegenüber, schob den Teller in die Mitte des Tisches, nahm eine Gabel und begann zu essen, wobei er Heinz ausdruckslos in die Augen schaute. Heinz' Wimpern flatterten. Heiliger Strohsack! Dieser Typ forderte ihn tatsächlich auf, die Spaghetti mit ihm zu teilen! Heinz brach der Schweiß aus. Was nun? Sollte er essen? Nicht essen? Seine Gedanken überstürzten sich. Wenn der Mensch doch wenigstens reden würde! »Na gut. Er aß die Hälfte meiner Suppe, jetzt esse ich die Hälfte seiner Spaghetti, dann sind wir quitt!« Wütend und beschämt griff Heinz nach der Gabel, rollte die Spaghetti auf und steckte sie in den Mund. Schweigen. Beide verschlangen die Spaghetti. »Eigentlich nett von ihm, daß er mir eine Gabel brachte«, dachte Heinz. »Da komme ich noch zu einem guten Spaghettiessen, das ich mir heute nicht geleistet hätte. Aber was soll ich jetzt sagen? Danke? Saublöde! Einen Vorwurf machen kann ich ihm auch nicht mehr. Vielleicht hat er gar nicht gemerkt, daß er meine Suppe aß. Oder vielleicht ist es üblich in Afrika, sich das Essen zu teilen? Schmecken gut, die Spaghetti. Das Fleisch auch. Wenn ich nur nicht so schwitzen würde!«

Die Portion war sehr reichlich. Bald hatte Heinz keinen Hunger mehr. Dem Schwarzen ging es ebenso. Er legte die Gabel aufs Tablett und putzte sich mit der Papierserviette den Mund ab. Heinz räusperte sich und scharrte mit den Füßen. Der Schwarze lehnte sich zurück, schob die Daumen in die Jeanstaschen und sah ihn an. Undurchdringlich. Heinz kratzte sich unter dem Rollkragen, bis ihm die Haut schmerzte. »Heiliger Bimbam! Wenn ich nur wüßte, was er denkt!« Verwirrt, schwitzend und erbost ließ er seine Blicke umherwandern. Plötzlich spürte er ein Kribbeln im Nacken. Ein Schauer jagte ihm über die Wirbelsäule von den Ohren bis ans Gesäß. Auf dem Nebentisch, an den sich bisher niemand gesetzt hatte, stand – einsam auf dem Tablett – ein Teller kalter Gemüsesuppe.

Heinz erlebte den peinlichsten Augenblick seines Lebens. Am liebsten hätte er sich in ein Mauseloch verkrochen. Es vergingen zehn volle Sekunden, bis er es endlich wagte, dem Schwarzen ins Gesicht zu sehen. Der saß da, völlig entspannt und cooler, als Heinz es je sein würde, und wippte leicht mit dem Stuhl hin und her.

»Äh...«, stammelte Heinz, feuerrot im Gesicht. »Entschuldigen Sie bitte. Ich...«

Er sah die Pupillen des Schwarzen aufblitzen, sah den Schalk in seinen Augen schimmern. Auf einmal warf er den Kopf zurück, brach in dröhnendes Gelächter aus. Zuerst brachte Heinz nur ein verschämtes Glucksen zustande, bis endlich der Bann gebrochen war und er aus vollem Halse in das Gelächter des Afrikaners einstimmte. Eine Weile saßen sie da, von Lachen geschüttelt. Dann stand der Schwarze auf, schlug Heinz auf die Schulter.

»Ich heiße Marcel«, sagte er in bestem Deutsch. »Ich esse jeden Tag hier. Sehe ich dich morgen wieder? Um die gleiche Zeit?«

Heinz' Augen tränten, sein Zwerchfell glühte, und er schnappte nach Luft.

»In Ordnung!« keuchte er. »Aber dann spendiere ich die Spaghetti!«

Federica de Cesco, geboren 1938 in Italien. Schon als Kind hat sie in mehreren Ländern gelebt. Seit 1962 ist sie in der Schweiz ansässig; sie schreibt – in der Regel in französischer Sprache – Bücher für Kinder und Jugendliche. Die Verständigung unter den Völkern ist ihr dabei ein besonderes Anliegen.

Begegnung mit einem schlechten Menschen
Erich Fried

An einem schönen Apriltag vor vielen Jahren habe ich in einem 134er Omnibus in London einen für bescheidene Alltagsverhältnisse ungewöhnlich schlechten Menschen getroffen. Es war eine kleine Frau von etwa 60 Jahren, geschmacklos aber keineswegs dürftig gekleidet, nach Art der ruhigen, kleinbürgerlich-wohlanständigen Leute, die man in den Londoner Vorstädten so häufig trifft. Sie nannte dem Schaffner mit selbstzufriedenem Lächeln ihr Fahrziel. Dann begann die Diskussion.

Der Schaffner zögerte und gab ihr die Karte nicht, er wollte Fahrgeld haben. Sie hingegen behauptete steif und fest, ihm ein Sixpence, eine sehr kleine Silbermünze, gegeben zu haben, und verlangte ihre 5-Penny-Karte und einen Penny Wechselgeld. Geduldig erklärte ihr der Schaffner, er stecke eine Münze niemals in die Tasche, ohne zuvor Wechselgeld herausgegeben zu haben, um Irrtümer zu vermeiden. Sie beharrte auf ihrer Behauptung und erhielt schließlich von dem achselzuckenden Mann Karte und Wechselgeld.

Damit gab sie sich aber keineswegs zufrieden. Sie sprach ihre Nachbarin an, klagte bitter über die Unehrlichkeit der Menschen und meinte, man müsse doch gegen diesen Schaffner etwas tun.

Mich ärgerte ihr Gejammer, ich fand in meiner Tasche ein Sixpence, bückte mich, wie um etwas aufzuheben, und gab es der alten Frau mit der Bemerkung, ich hätte es unter ihrem Sitz gefunden. Sie bedankte sich freundlich und steckte die kleine Münze ein. Nun lächelte sie wieder.

»Sie haben also dem armen Mann Unrecht getan«, meinte ihre Nachbarin. Keine Antwort, nur das Lächeln verschwand wieder und machte einem entschlossenen Gesichtsausdruck Platz. Der Schaffner ging vorbei. Sie sagte kein Wort.

»Sollten Sie dem Mann nicht die Sixpence zurückgeben?« fragte ich. Das Lächeln kehrte zurück, abgeklärt, weltweise und ein wenig ironisch.

»Nehmen Sie sich's nicht zu Herzen, junger Mann! – Übrigens, Sie sind doch kein Engländer, nicht wahr?«

»Nein, ich bin kein Engländer. Aber...«

»Das habe ich mir gleich gedacht«, erwiderte sie, in recht gutem Englisch, das aber doch verriet, daß auch sie, obwohl seit Jahrzehnten ansässig, so daß sie nun gegen mich die Engländerin herauskehrte, ihre Jugend anderswo verbracht haben mußte. Noch während sie sprach, erhob sie sich, drängte sich gewandt zwischen den Leuten durch; der Schaffner trat zur Seite, und sie stieg aus.

Ein Freund, dem ich diese Episode noch am gleichen Tag empört berichtete, teilte meine Entrüstung gar nicht. »Eigentlich ist alles deine eigene Schuld«, sagte er. »Wenn du nicht versucht hättest, mit deinem Sixpence den lieben Gott zu spielen, wäre das ganze nicht halb so schlimm gewesen. Vielleicht hat die Frau wirklich geglaubt, daß sie ihm das Fahrgeld bezahlt hat, und erst du hast sie nachher in Versuchung geführt. Daß sie sich dann geschämt hat, ihr Unrecht zuzugeben, ist verständlich. Die Schuld aber, sie so in die Enge getrieben zu haben, trägst du selbst.«

Ich fand diese Ansicht überraschend, bestürzend, und ich nahm mir vor, niemals wieder auf solche Art Schicksal zu spielen. Ganz überzeugt war ich aber nicht. Die glatte Selbstsicherheit der Frau, die man miterlebt haben mußte, um einen lebendigen Eindruck von ihr zu haben, schien mir der Annahme meines Freundes doch zu sehr zu widersprechen.

Erich Fried, geboren 1921 in Wien, emigrierte als Jude 1938 auf der Flucht vor den Nationalsozialisten nach London, wo er bis zu seinem Tod 1988 gelebt hat. Fried ist vor allem durch seine politischen Gedichte bekannt geworden.

Das Gewehr im Bett

Roland Gallusser

Xaver war ein Wochenendsäufer. Fünf Tage lang konnte er arbeiten wie ein Pferd, tagsüber in der Fabrik, am Abend in Garten und Feld, nachts in der Werkstatt. An den Wochenenden aber verwandelte er sich in einen unberechenbaren Trinker. Sein kleiner Bauernhof lag abseits vom Dorf, oben am Berg. Zwanzig Minuten über Wiesen und Stege brauchte man, um das nächste Dorf zu erreichen. Nur ein einziger Bauernhof noch lag dazwischen.

Jeden Samstag, während er im Stall molk und mistete, ging eine Verwandlung in Xaver vor. Er wurde wortkarg, und wer ihm jetzt über den Weg lief, der war regelmäßig der Anlaß, daß Xaver mit großem Krakeel das Haus verließ. Es schien, als suche er diesen Streit, um zum Trinken ins Dorf hinuntersteigen zu können. Spät in der Nacht erst oder gegen Morgen kehrte er dann nach Hause zurück.

Besonders unerträglich war Xaver am Sonntagmorgen, wenn sich seine Familie zum Kirchgang rüstete. Nie ging er zur Messe, nie war er so bedrückt wie zu dieser Stunde. Er schimpfte nie über den Pfarrer oder die Religion; doch wer mit Xaver über die Kirche sprechen wollte, der bemerkte das Flackern in seinen Augen und das Zittern seiner Hände. Sein Blick genügte dann, jeden verstummen zu lassen. Meist ging er am Sonntag allein über die Wiesen und Weiden. Stundenlang blieb er weg von zu Hause. Abends dann legte er sich früh zu Bett.

Gestern, am Samstag, war der Pfarrer oben gewesen. Er wollte Xaver sprechen, denn Markus, das dritte der sieben Kinder, war sein bester Schüler. Er wollte ihn aufs Gymnasium schicken. »Ein Lehrer oder Pfarrer könnte aus ihm werden«, meinte der Pfarrer, »gescheit ist er und fromm genug auch!« Xaver sagte nichts, und die Mutter geleitete den Priester aus der Stube. Seither hatte Xaver mit niemandem mehr gesprochen. Alle gingen ihm aus dem Weg.

Am Sonntagabend läutete mein Telefon. Ich erkannte die Stimme von Xavers Frau sofort. Sie bat um Hilfe. »Bitte kommen Sie rasch, Herr Doktor«, schluchzte sie. »Aber passen Sie um Gottes willen auf. Er hat ein Gewehr und hat auf uns geschossen. Wir sind weggelaufen. Wir sind auf dem Hof der Nachbarn und trauen uns nicht mehr nach Hause!«

Diesmal schien es ernst zu sein! Meine Frau flehte mich an, nicht alleine hinzugehen. So rief ich die Polizei an und bat um Begleitung. Doch auch der Ortspolizist kannte Xaver. Er konnte sich nicht entschließen, allein mitzukommen.

Eine Stunde später fuhren drei Autos in die Nacht hinaus. Im vordersten saß unser Polizist am Steuer. Daneben saß der Gemeindeammann*, ein dicker Mann, der ein Spezereigeschäft* an der Hauptstraße betrieb. Hinten im Wagen saß ich, den Notfallkoffer zwischen den Füßen. Im zweiten Wagen saßen vier Polizeibeamte aus der nahen Stadt. Sie trugen Helme und kugelsichere Westen über der Uniform. Im Kofferraum lagen vier Maschinenpistolen, ein Megaphon und ein tragbarer Scheinwerfer. Die vier Polizisten blickten nicht mutig, sondern eher besinnlich in die Nacht hinaus. Im dritten Wagen saß der Herr Pfarrer: Keiner wußte, wer ihn gerufen hatte, er war einfach dagestanden und hatte gesagt: »Ich möchte auch mitkommen, zum Xaver.«

Wir fuhren durch die Nacht. Jeder von uns war mit seinen berufseigenen Sorgen um Xaver beschäftigt. Die holperige Straße ging bald

Gemeindeammann: Gemeindevorsteher
Spezereigeschäft: Lebensmittelgeschäft

in einen schmalen Karrenweg über. Als erster kam der Wagen des Herrn Pfarrer nicht mehr weiter. Bald danach stiegen wir alle aus. Zu Fuß gingen wir bis zum unteren Bauernhof.

Vor dem Haus, unter der Lampe bei der Scheune, wartete der älteste Sohn Xavers auf uns. In der Stube standen die Nachbarn und Xavers Kinder um die Mutter herum, die am Tische saß und den Säugling an sich drückte. Wir ließen uns informieren: Unerträglich sei er wieder gewesen, der Vater, und als er dann sein Gewehr geholt und sie bedroht habe, seien sie davongelaufen. Und der Vater habe hinterhergeschrien: »Geht! Lauft nur zu diesem gottverfluchten Nachbarn! Lauft!« Dann habe er geschossen, und in ihrer Angst seien sie über die Matten gerannt, um hier beim Nachbarn Zuflucht zu suchen.

Die Polizisten und der Gemeindeammann hielten Kriegsrat. Ich versuchte, Xavers Frau zu trösten. Endlich erreichte auch der Pfarrer den Hof und übernahm diese Aufgabe.

Schließlich formierte sich unsere Truppe. Wir marschierten in die Nacht hinaus: Der kundige Ortspolizist an der Spitze, dann zwei Polizisten aus der Stadt mit Maschinenpistolen, dann der dicke Gemeindeammann und ich, hinter uns der Herr Pfarrer. Die Nachhut bildeten die beiden anderen Polizisten mit den kugelsicheren Westen.

Schweigend stiegen wir bergan. Es war nicht leicht, in der Dunkelheit Schritt zu halten. Hochwürden schien zu beten. Der Gemeindeammann keuchte unter der Last seines Bauches. Mich schmerzte schon bald der Arm mit dem Notfallkoffer.

Auf ein Zeichen des Ortspolizisten an der Spitze unseres Zuges hielten wir an. Einen Steinwurf entfernt konnten wir die Umrisse des Hauses von Xaver erkennen. Kein Licht brannte. Alles war still. Nur aus dem Stall drang das Scharren der Kühe oder das Rasseln einer Kette.

Die Polizisten schwärmten aus. Von drei Seiten schlichen sie zum Haus hinüber, verschwanden in der Dunkelheit. Nur wir Zivilisten blieben zurück: der Pfarrer, der dicke Gemeindeammann und ich, der Arzt. »Gott, wenn das nur gutgeht, ich kenne den Xaver«, flüsterte der Herr Pfarrer. »Der liegt sicher auf der Lauer; wenn er nur keinen Polizisten erschießt!«

Der Gemeindeammann starrte durch die Dunkelheit in mein Gesicht. Plötzlich faßte er mich mit hartem Griff am Kittel und zog mich hinter den dicken Stamm eines Birnbaumes: »Kommen Sie, meine Herren«, sagte er, »ich sehe nicht ein, weshalb wir unnötige Risiken laufen sollten; gehen wir in Deckung!«

So standen wir da, und in der Dunkelheit vor uns lag Xaver mit dem Gewehr auf der Lauer. Die vier Polizisten, irgendwo im Gelände, in höchster Lebensgefahr: Wir drei aber hinter dem dicken Birnbaum, der Gemeindeammann, dessen Bauch die Umrisse des Baumes überragte, ich, der Pfarrer. Nur mein Notfallköfferchen hatte ich stehenlassen. Es stand draußen in der Schußlinie, im feuchten Gras der Nacht. Wir lauschten gespannt. Unsere Augen versuchten, das Dunkel zu durchdringen. Minuten vergingen, Totenstille!

Da! Ein hölzernes Krachen, ein Gepolter, Befehle, Licht! Jemand rief nach uns. Wir eilten zum Haus. Unter der eingedrückten Hintertüre beim Stall erwartete uns einer der Polizisten. Wir gingen durch den Flur in die Stube. Hier standen die andern Polizisten. Eben legten zwei die Kugelwesten ab. Durch die offene Türe konnte man in die Kammer sehen. Dort saß Xaver im Nachthemd auf dem Bettrand. Seine schweren Hände lagen auf seinen Knien, seine Augen waren abweisend auf uns Eindringlinge gerichtet. Er hatte im Bett gelegen, als die Polizisten die Türe eingedrückt hatten. »Das ist Hausfriedensbruch, das lasse ich mir nicht gefallen, wo ist meine Frau?« hatte er ihnen entgegengerufen.

Ratlos standen wir da und wußten nicht, wozu unsere bewaffnete Streitmacht gut sein sollte. Die Polizeihelme lagen auf dem Stubentisch, die Maschinenpistolen daneben. Der Ortspolizist fand als erster seine Amtshaltung wieder. Er machte Xaver Vorwürfe, auf Frau und Kinder geschossen zu haben.

»Geschossen? Ich? Auf meine Familie?« rief Xaver erbost. »Das ist doch idiotisch! Einen Rehbock habe ich aus dem Garten vertrieben, jawohl! Und nur in die Luft habe ich den Schuß abgefeuert, da drüben steht das Jagdgewehr!«

Die Waffe stand an der Wand, tatsächlich! Der Polizeileutnant hielt die Mündung des Gewehrlaufs an seine Nase, dann zuckte er die Schultern. »Kalt!« sagte er und ging aus dem Raum. Er mußte sich in seiner kugelsicheren Weste komisch vorkommen.

Die Spannung der letzten Minuten wich einer ernüchternden Enttäuschung: Hier saß kein Amokläufer* mit einer Waffe, hier saß ein gebrochener Mann im Nachthemd und wiederholte seine Geschichte vom Rehbock im Gemüsegarten.

Ein Protokoll wurde aufgenommen. Wortkarg blieb Xaver bei seiner Aussage. Er wurde wütend und laut, als nach seinem Karabiner gefragt wurde. »Der steht im Schützenhaus, seit drei Wochen schon, seit dem Wettschießen auf der Kirchweih.« Dabei blieb er. Und alles Suchen der Polizisten brachte die vermutete Waffe nicht zum Vorschein. Unschlüssig und ärgerlich standen schließlich alle in

---

Amokläufer: jemand, der in einer Art Anfall umherläuft und blindwütig tötet

der Stube, und Xaver saß immer noch auf dem Bettrand in der Kammer. Ich bot mich an, mit ihm zu sprechen. Der Polizeichef war einverstanden, der Gemeindeammann zuckte die Schultern. Ich ging zu Xaver in die Kammer, schloß die Türe und setzte mich neben ihn auf den Bettrand. Sofort fuhr ich hoch: Ein kantiger Gegenstand hatte mich hart ins Gesäß gestoßen.

Ich schaute Xaver fragend an. Er lachte leise und verlegen und langte unter die Decke. Mit seiner Hand holte er den Karabiner hervor und streckte mir wie ein Kind das Gewehr entgegen.

So leise als möglich öffnete ich den Verschluß und entleerte das Magazin. Die vier Patronen steckte ich in meine Rocktasche. Die durften die Polizisten keinesfalls finden. Meine Hände zitterten, während ich die Waffe vorsichtig unters Bett schob. Erstaunt schaute Xaver mir zu. Dann begannen Tränen über seine Wangen zu rollen und tropften auf seine nackten Knie. Er drückte meine Hand. Ich versprach, wiederzukommen: Wir wollten über alles sprechen. Einen Wunsch hatte der Xaver noch:»Bitte, Doktor, ich will nicht, daß der Pfarrer in mein Zimmer hereinkommt!«

In der Stube hatten sie ungeduldig gewartet.»Wir können gehen«, schlug ich vor.»Wir sollten vom unteren Hof seine Familie wieder heraufschicken.« Der Gemeindeammann war gleicher Meinung:»Alkohol ist auch nicht im Spiel, Sie brauchen kein Zeugnis für die Trinkerheilanstalt zu schreiben, Doktor«, sagte er mit Amtsmiene. Auch der Ortspolizist hatte weder Lust noch Grund, Xaver einzusperren.

Alle waren einverstanden. Als ich als letzter die Wohnstube verließ, stand Xaver mit nackten Füßen unter der Kammertüre. Ich nickte zurück:»Auf bald, Xaver!«

Draußen knipsten die Polizisten ihre Stablampen an. Die Helme klapperten gegen die Koppeln. Rasch hatten wir den Hof des Nachbarn erreicht. Hier blieben der Pfarrer und ich noch zurück. Die andern hatten es eilig, nach Hause zu kommen.

Kurz darauf stieg die Familie, einigermaßen beruhigt, durch die Nacht zum kleinen Anwesen zurück, wo jetzt in der Stube ein Licht brannte.

Am nächsten Sonntag ging ich mit Xaver über die Matten* hinter seinem Haus. Er blieb auf einem Hügel stehen, von dem man auf den Hof des reichen Nachbarn hinabsehen konnte:

»Wissen Sie, Doktor«, sagte er traurig,»dieser Hof dort unten, das ist mein Elternhaus, dort bin ich geboren. Eines Tages erkrankten

Matte: Viehweide

unsere Kühe. Ich war ein ganz kleiner Bub damals. Mein Vater wollte den Tierarzt kommen lassen. Doch meine Mutter wollte lieber den Pfarrer haben. Der kam am Samstagabend herauf und besprengte Stall und Haus mit Weihwasser. Am Sonntagmorgen starb die erste Kuh, am Nachmittag die zweite. Am Montag mußte der ganze Bestand abgetan werden. Wir waren erledigt, bald verloren wir den verschuldeten Hof an den reichen Nachbarn.

Mein Vater wurde Pächter auf einem ärmlichen Anwesen, weit weg von hier. Mich hat später das Heimweh in diese Gegend zurückgetrieben. Niemand weiß, daß ich dort unten geboren bin, auch meine Frau nicht. Seit ich erwachsen bin, geh ich nicht mehr zur Kirche, ich kann nicht; an den Wochenenden ist es besonders schlimm.«

Mehr sagte Xaver nicht, mehr war auch nicht zu sagen. Wir kehrten zurück zu Xavers kleinem Hof und saßen noch eine Weile auf der Bank vor dem Haus. Dann mußte ich gehen. Ich blickte mich um, niemand war in der Nähe; rasch steckte ich Xaver die vier Patronen zu seinem Gewehr wieder zu und stieg über die Wiesen hinunter. Ich war traurig und niedergeschlagen, als ich auf dem Vorplatz des schönen Nachbarhofes in meinen Wagen stieg.

Roland Gallusser, geboren 1931 in der Schweiz, lebt als Arzt in St. Gallen. Er schreibt Geschichten, die mit seinem Beruf zusammenhängen.

Luigi und der grüne Seesack

Ernst Kreuder

Aus dem späten Mittagsschlaf erwachend, starrte ich auf ein vergittertes Fenster. Die Eisenstangen waren, wegen der Katzen, noch mit Maschendraht bespannt. Hinter der Wand hupte ein Motorboot. Damit wußte ich wieder, wo ich mich befand. Ich wohnte in Venedig, San Felice 3606, Hinterhof, bei Signora Lessi, in dem billigen Zimmer hinter der Küche.

Seit Tagen kam ich mit meiner neuen Erzählung nicht voran. Staub lag auf der Schreibmaschine. Ich erfrischte mich am winzigen Waschbecken und trat in die Küche. Meine Wirtin, lebhafte Sechzigerin, war ausgegangen. Ich trank eine Tasse Filterkaffee am Küchentisch, rauchte und wollte mich vor der Schreibmaschine drücken. Ich wollte lieber in den Markusdom gehen. Dort hatte ich gestern nachmittag gesessen, im weiten Halbdunkel der vielen Kerzenflammen, das Goldmosaik der Kuppel leuchtete an einigen Stellen wie von der Sonne getroffen, während es draußen bereits dunkelte.

An der Flurtür stellte ich fest, daß Signora Lessi abgeschlossen hatte. Meinen Schlüssel suchte ich überall vergebens. Ich war bis auf weiteres eingeschlossen. Mißmutig ging ich in das große Wohnzimmer. Dort waren die Fenster nicht vergittert, denn darunter lag die Lagune.* Ich beugte mich hinaus, auf dem schwarzen Wasser war niemand zu sehen. Schräg gegenüber lag ein Kahn, hoch mit Koks beladen. Es dämmerte über der Lagune.

Sollte ich einen Schlosser anrufen, um herauszukommen? Ein Geräusch unterm Fenster lenkte mich ab. Dicht an der Mauer hielt ein schwarzes Boot. Der Mann, der sich im Boot aufrichtete, hob die Arme mit einer flehenden Geste und warf mir im gleichen Augenblick etwas zu. Unwillkürlich fing ich das Seil auf.

»Festmachen!« rief er mit verzweifelt ausgebreiteten Händen. Der faulige Gestank der Lagune stieg herauf. Das dicke Seilende war ausgefranst.

»Ich kenne Sie gar nicht«, rief ich hinunter.

»Schnell, Signore«, bat er mit flehenden Gesten. In der Ferne heulte eine Sirene. Ich erkannte die Chance, die abgesperrte Wohnung zu verlassen. »Ich habe Sie noch nie gesehen«, rief ich, »wohnen Sie denn hier?«

»Machen Sie nur schnell!« rief er ungeduldig. Ich schlang das Seil um den Fuß der schweren Kommode, auf der die Familienbilder standen. Der Warnton der Polizeisirene drang über der Lagune näher.

»Ziehen Sie erst den Sack herauf«, rief der Mann im Boot, er hielt einen grünen Seesack in die Höhe. Ich hievte den Seesack herauf, es klirrte und klapperte darin. Das Sirenengeheul wurde lauter. Ich band den Seesack los und warf das Seil wieder hinunter. Hand über Hand, die Füße gegen die Mauer gestemmt, kletterte der Mann flink herauf. Ich zog ihn über die breite Fensterbank. Er warf das Seil ins Zimmer und schloß das Fenster. Auf der Lagune brauste die Polizeibarkasse* heran, die Sirene heulte mißtönig, dann verklang der Warnton. Der magere, sehnige, braunhäutige Mann im schwarzen, löcherigen Sweater* setzte sich schnaufend in den grünen Plüschsessel. Er bot mir eine Zigarette an, dann rauchte er hastig, starr vor sich hinblickend.

»Das war wieder mal ganz knapp, Kamerad«, sagte er. Seine

Lagune: die Wasserfläche um Venedig
Barkasse: Motorboot
Sweater: Pullover

Augen funkelten. Wessen Kamerad man ist, weiß man erst nachher. An der Flurtür schrillte heftig die Klingel.

»Was ist in diesem Seesack?« fragte ich.

»Bitte, Signore«, sagte er, »Sie haben mich bitte gar nicht gesehen, verstehn?« An der Flurtür wurde jetzt ununterbrochen geklingelt. Ich schloß die Wohnungstür hinter mir und ging den Flur hinunter.

»Wer ist draußen?« rief ich.

»Öffnen Sie, Polizei!«

»Ich bin hier eingeschlossen«, sagte ich, »ich habe keinen Schlüssel und muß warten, bis Signora Lessi zurückkommt.«

»Wer sind Sie?« rief eine helle Polizeistimme.

»Ich bin Schriftsteller«, sagte ich, »ich schreibe für die Zeitungen. Ich wohne hier seit vier Wochen.«

»Hat gar keinen Zweck«, sagte eine rauhe Polizistenstimme draußen. »Wir müssen die Schuppen im Hof durchsuchen.«

Hinter mir, auf dem Flurtischchen, läutete das Telefon.

»Entschuldigen Sie mich, bitte«, rief ich den Polizisten zu, nahm den Hörer ab und meldete mich.

»Hier ist Signora Lessi«, sagte eine flattrige Stimme, »es tut mir schrecklich leid, ich habe aus Versehen Ihren Schlüssel mitgenommen und Sie eingesperrt. Am Rialto* habe ich's gemerkt. Ich fahre mit dem nächsten Motoscafo* zurück.«

»Hetzen Sie sich bitte nicht, Signora«, sagte ich, »ich habe sowieso hier zu tun.« Ich legte auf. Im Treppenhaus war es still, die Polizisten waren fortgegangen. Ich kehrte ins Wohnzimmer zurück. Der magere, sehnige Mann lächelte ängstlich. Ich öffnete das Fenster und sah hinunter. »Ihr Boot ist inzwischen abgetrieben«, sagte ich.

»Macht nichts«, sagte er, »war nur ausgeliehen. Ich habe Werkzeug, jetzt können Sie ausgehen. Kommen Sie.«

Ich sah zu, wie er mit winzigen Haken im Schloß der Haustür hantierte, bis es aufsprang. Er öffnete die Tür ein wenig und lauschte mit geschlossenen Augen. Dann lief er ins Wohnzimmer und kehrte mit dem klirrenden Seesack zurück.

»Wenn Sie einmal in Not sind, Signore«, sagte er flüsternd, »dann fragen Sie auf dem Fischmarkt nach Luigi, dem Flinken. Oder in Gefahr, verstehn?«

»Was haben Sie da drin?« Ich deutete auf den Seesack.

»Es ist ein Güterzug«, sagte er leise, »Stationsgebäude, Tunnel, Signallampen und Schienen.«

Rialto: Brücke im Zentrum Venedigs
Motoscafo: Motorboot

»Haben Sie denn kleine Kinder?«

»Vier, Signore«, sagte er.

»Hören Sie, Luigi«, sagte ich, »wie heißt das Warenhaus, wo Sie in der Eile vergessen haben zu bezahlen? Ich möchte das mit einer Postanweisung erledigen.«

»Sie werden mich nicht verraten? Es heißt ›Kosmos‹.«

»Ich werde nur nach dem Preis einer Güterzuganlage fragen. Im übrigen, Sie kennen auch mich nicht, haben mich nie gesehen.«

»Niemals, Signore«, seine Augen funkelten. »Sie sind ein Kamerad. Ich danke Ihnen.«

Ich blickte ihm nach, wie er, leicht gebückt, mit dem klirrenden Sack auf dem Rücken, leise durch den dunklen, nach Katzen riechenden langen Hof schlich und verschwand.

Gleich darauf fühlte ich mich zum ersten Male hier bedrückend allein.

Ernst Kreuder, geboren 1903 in Thüringen, gestorben 1972 in Darmstadt, war seit 1934 freier Schriftsteller. Er schrieb vor allem Romane, Erzählungen und Kurzgeschichten.

Krieg und Unterdrückung

Das Schilfrohr
Anna Seghers

Ein kleines Anwesen an einem See hinter Berlin gehörte schon lange vor dem Krieg der Familie Emrich.

Sie bauten hauptsächlich Gemüse an. Ihr einstöckiges, gut gehaltenes Haus war vom Ufer durch einen schmalen Rasen getrennt, der einzige Streifen unausgenutzten Bodens. Das Ufer war flach, es fiel ganz allmählich ab, dicht stand das Schilf, wie fast überall um den See herum. Vom Bootssteg führte der mit Kiesel bestreute Weg zu der Glasveranda, mit der man in einer Zeit des Wohlstandes das Haus erweitert hatte. Meistens wurde der Weg benutzt, der von der Landstraße her durch die Gärtnerei ins Haus führte. Von dem kleinen Vorplatz gelangte man sowohl in die Wohnstube wie in die Küche, aus der Küche stieg man durch eine Luke in den Keller. Die Kellertür nach der Seeseite wurde nicht mehr benutzt, sie war mit allerhand Vorräten verstellt, und auch das Kellerfenster war so verstellt, daß es kaum Tageslicht durchließ.

Die Familie Emrich hatte früher im nächsten Dorf auch eine Wirtschaft besessen und die Schmiede, die ihr gegenüber lag. Dort hatte man Pferde beschlagen und Pflüge und Ackergerät repariert.

Kurz vor dem Krieg war Vater Emrich an den Folgen eines Huftritts verstorben. Man sagt: »Ein Unglück kommt selten allein.« Vielleicht war er eine Spur weniger achtsam als sonst gewesen, verstört durch den Tod seiner Frau, der ihn kurz zuvor überrascht hatte. –

Die beiden Söhne wurden eingezogen. Der Krieg verlängerte ihren Dienst ins Ungewisse. Einer erlebte den Einmarsch in Polen, der andere die Landung in Narvik.

Inzwischen hatten entfernte Verwandte Wirtschaft und Schmiede gekauft. Die einzige Tochter, Marta Emrich, besorgte das Anwesen. Sie setzte ihren Ehrgeiz darein, möglichst alles selbst zu erledigen. Nur manchmal nahm sie eine Hilfe auf Taglohn, zum Beispiel um das Haus zu streichen, damit es ordentlich aussähe, wenn einer der Brüder auf Urlaub käme. Sie besorgte nicht nur zum größten Teil die Gemüsegärtnerei, sie tapezierte die Zimmer, und sie teerte das Boot, das meistens unbenutzt am Steg lag. Vom See aus wirkte das weiße Haus mit Heckenrosen freundlich und einladend.

Marta mühte sich ab vom ersten Sonnenstrahl bis zur Dunkelheit, nicht nur weil sie sparen wollte, um keine Schulden zu machen, da die Geschwister schon ihre Einkünfte aus der Wirtschaft und aus der Schmiede eingebüßt hatten, nicht nur weil sie sich sagte, dazu bin ich da, sondern auch, um ihr Alleinsein zu vergessen.

Ein Bauernsohn aus dem nächsten Dorf, ihr Großvetter, der als ihr Verlobter gegolten hatte, war einer der wenigen Toten an der Maginot-Linie. Durch ihn wären vielleicht Wirtschaft und Schmiede wieder mit dem Besitz der Emrich verbunden worden. Zwar hatte man noch keine öffentliche Verlobung gefeiert, doch als die Nachricht »Gefallen« eintraf, fühlte sich Marta verlassen und beinahe hoffnungslos. Sie hatte nie viel Worte gemacht, jetzt wurde sie ganz verschlossen.

Sie war kerngesund und gewohnt, sich in allen Lagen allein zu helfen. Sie war sechsundzwanzig Jahre alt, im dritten Kriegsjahr. Sie war grobknochig, mit breitem und flachem Gesicht. Mit den Ereignissen in der Welt stand sie durch die Feldpostbriefe der Brüder in Verbindung und durch verschiedene Veranstaltungen im Dorf. Sie hißte die Fahne bei jedem Sieg wie die Nachbarn.

Ihr jüngerer Bruder fiel an der Ostfront. Obwohl er ihr Lieblingsbruder gewesen war, gutmütiger als der ältere, fühlte sie diesen Tod nicht so stark wie den des Verlobten. Er kam ihr mehr vor wie eine Urlaubssperre auf ungewisse Zeit. –

Im Spätsommer 1943, an einem regendunstigen Abend, sonderte sie im Keller Kartoffeln und Rüben aus, um Futter für den Morgen zu richten.

Sie hörte plötzlich ein leises, ungewohntes Geräusch im Schilf und dann in der Hecke. Ihr war es, als sei ein Schatten vorbeigeflitscht.

Blitzschnell ging es ihr durch den Kopf, daß man das Haus für leer halten könnte, weil kein Licht, bis auf die Kellerfunzel, brannte. Sie rief laut: »Wer ist denn da?«

Da niemand antwortete, stieg sie durch die Luke hinauf in die Küche, und sie ging durch die kleine Stube in die Glasveranda und von dort ins Freie.

Auf dem schmalen Landstreifen zwischen See und Haus stand ein fremder junger Mensch; er war, soweit sie es erkennen konnte, ganz ordentlich angezogen. Seine Gesichtszüge konnte sie in der Dämmerung nicht unterscheiden. Er fragte rasch: »Wohnt hier eine Frau Schneider?« Marta erwiderte: »Gibt es hier nicht«, und sie fügte hinzu: »Auch nicht im Dorf.« Sie musterte den unbekannten Mann und fragte dann: »Wie sind Sie denn hergekommen?« Er erwiderte: »Mit dem Boot.« – »Wieso?« fragte Marta, denn sie sah durch die Dämmerung durch, daß kein zweites an ihrem Steg lag. »Ach«, sagte der Fremde, »ich bin längst vorher ausgestiegen. Ich hoffte, sie wohnt schon im zweitnächsten Dorf, die Frau Schneider, und dann hab ich mich durchgefragt.«

Man hörte ein Motorrad auf der Landstraße. Er faßte Marta an der Hand, er sagte leise, aber fest: »Verrat mich nicht, wenn jemand fragt.«

Marta zog ihre Hand zurück, sie sagte böse: »Ach so, du hast was ausgefressen.«

Das Motorrad hielt nicht an, es fuhr weit fort. Der fremde Mensch faßte sie wieder an der Hand, er sagte schnell mit leiser, heißer, eindringlicher Stimme: »Ich hab nichts Schlechtes getan. Im Gegenteil.«

Jetzt hörten sie ein Motorgeräusch auf dem See. Der Mann fuhr fort: »Seh ich denn wie ein schlechter Mensch aus?«

Sie versuchte wieder, sein Gesicht zu erkennen, als ob ein Gesicht je für den Mann, der es trägt, gebürgt hätte. Das wußte sie auch; denn sie hatte lange genug allein gelebt und mit allerlei Menschen umgehen müssen. Sie glaubte aber, mit dieser Art von Gesicht hätte sie niemals etwas zu tun gehabt.

Das Motorboot hatte sich schon entfernt. »Warum sind die dann hinter Ihnen her? Wenn Sie nichts angestellt haben?« Er sprach ohne zu stocken weiter, sehr schnell, immer im gleichen heftigen Ton: »Man hat etwas gegen den Krieg verteilt, da, wo ich in Arbeit bin. Und heute sind sie auf mich verfallen.« – »Na, hören Sie mal«, sagte Marta, »wenn da was dran ist, gehören Sie wirklich eingesperrt.«

Der fremde Mann sprach ohne zu stocken im gleichen heißen Ton über all ihre Worte weg. Seine Stimme war zugleich flehend und drohend. Sie hätte vielleicht, sagte er, niemand im Krieg verloren und

nie auf einen gewartet, bis die Nachricht gekommen sei: »Gefallen.« –
Darauf erwiderte Marta, und beide drückten sich nebeneinander an
die Mauer, er gehöre für so ein Gerede eingesperrt, ja eingesperrt,
wenn nicht ins Zuchthaus, dann in ein Irrenhaus. Er fragte, ob man
warten solle, bis alle Männer gefallen seien, er habe nicht gewartet, er
nicht, und jetzt seien die hinter ihm her. Er sagte: »Haben Sie denn
kein Herz im Leib? Sie. Lassen Sie mich ausschnaufen hier in der
Hecke, Sie brauchen gar nichts davon zu wissen.«
  Sie hatte vielleicht einen Augenblick gezögert. »Gehn Sie rein ins
Haus, gehen Sie!« sagte er. »Sie haben gar nichts von mir gemerkt. Sie
wissen nichts von mir. So gehen Sie doch schon.«
  Dann wandte sich Marta ab und ging zurück, als ob sie kein Wort
miteinander gesprochen hätten, und machte sich an die unterbro-
chene Arbeit. –
  So fing es an. Sie stand nur früher als sonst auf, um nachzusehen,
ob er noch in der Hecke saß. Sie hoffte etwas, er hätte sich inzwischen
davongemacht. Sie wäre sogar bereit gewesen, am ersten Morgen,
sich einzubilden, niemand sei vorbeigekommen. Er saß aber zusam-
mengekauert am alten Platz. Sie ging wortlos ins Haus, kam nochmals
zurück und brachte ihm etwas Warmes. Sie sah zu, wie er gierig
schluckte, sich verschluckte, sich, von Husten geschüttelt, in die Hand
biß, damit nichts zu hören sei. Dann sah er sie an, es war jetzt hell
genug, um sein Gesicht zu erkennen. Er sagte nichts, er bewegte nur
etwas die Lippen und sah sie an mit seinem festen Blick. Sie sagte
nichts, sie ging ins Haus zurück, als habe niemand da gehockt, sie
ging ihrer Arbeit nach wie alle Tage. –
  In diesem Sommer half ihr ein Junge im Tageslohn. Er kam aus
dem Dorf, er hinkte seit einer Kinderlähmung. Er erzählte Marta, die
Polizei sei auf der Suche nach einem Taschendieb, sie hätten in jedem
Dorf rund um den See herum gewarnt. Nachmittags, es war früh
dunstig, bedeutete Marta dem Fremden, ihr durch die Kellertür zu
folgen. Sie hatte schon ihren Wintervorrat an Holz und Kohle gelagert. Sie machte jetzt einen winzigen Unterschlupf frei, sie sagte
nichts, als sei ihr Tun und Lassen erst wirklich, wenn sie dazu etwas
äußere.
  Der kleine Tagelöhner war enttäuscht, als der Monat August zu
Ende ging und Marta ihn nicht für den Monat September bestellte.
Doch niemand wunderte sich, es war längst bekannt, daß Marta
Emrich allein mit jeder Arbeit zu Rande kam, ja geradezu darauf
erpicht war, allein zu Rande zu kommen.
  Was es an lautloser Kleinarbeit gab, an Schälen und Schnitzeln,
auch bisweilen an Reparaturen, besorgte der Flüchtling – er hieß

Kurt Steiner – in seinem Unterschlupf zwischen den Holzstapeln. Manchmal ließ Marta die Kellerluke offen, sie schaltete ihr Radio ein. Nach und nach faßte sie Mut, hinunterzusteigen, sie hörte sich seine Erklärungen an. Ihm fielen viele Beispiele ein, um ihr das Gehörte verständlich zu machen, Ereignisse aus der Welt und aus seinem eigenen Leben. Sie kamen Marta, die nur ihr eigenes Dasein kannte, wie Märchen und Sagen vor. Anfangs war sie ganz benommen von seiner eindringlichen Stimme, dann horchte sie auch auf den Sinn seiner Worte, sie widersprach ihm und fragte und dachte nach.

Einmal nachts, als alles ringsum erstarrt war im Winterschlaf, in Eis und Schnee, führte sie ihn herauf ins Haus. Auf Augenblicke, im Schein der Taschenlampe, sah er die Stube, auf die sie stolz war. Und frisch und gut war ihr Bett.

Zitternd, an ihn geschmiegt, verfolgte sie nachts durch die Laden-ritzen einen Luftangriff auf Berlin.

Nach und nach wurde Marta Emrich vertraut mit den Gedanken ihres Gefährten Kurt Steiner. Sie war davon überzeugt, daß ihre Handlungsweise gut und richtig gewesen war. Sie würde dasselbe noch einmal tun mit Wissen und Wollen.

Sie empfand nur ein Schuldgefühl, weil sie die Nachricht, ihr älterer Bruder Karl sei an der Ostfront in Gefangenschaft geraten, mit einer gewissen Erleichterung aufnahm. Denn sie hätte sich keinen Rat gewußt, wie sie Kurt Steiner verbergen könnte, wenn der Bruder auf Urlaub gekommen wäre. Karl war besonders schroff und hart, ja tückisch. Er war einer von denen, die mit Freuden selbst einen Flüchtling am Genick packen würden. –

Im Frühjahr kam eine neue, eine furchtbare Gefahr. Über den Zaun erzählte ihr eine Bauersfrau, die Dörfer rund um den See würden abgesucht nach desertierten Soldaten. Kein Keller, kein Garten, kein Busch würde dabei ausgelassen, erzählte die Nachbarin, halb angstvoll, halb gehässig.

Kurt Steiner erbleichte, als ihm Marta davon berichtete. Er stieß hervor: »Jetzt war alles umsonst, jetzt ist alles aus.« Er brütete. Er sagte mit leeren Augen: »Ich muß weg, sonst wirst du auch noch geschnappt.«

Plötzlich fiel Marta eine Geschichte ein, die ihr jüngerer Bruder, ihr Lieblingsbruder, einmal in einem bunten Heft gelesen und den Ge-schwistern erzählt hatte. Irgendwo in dieser Geschichte, sie wußte nicht mehr, wo sie spielte, hatte sich jemand gerettet, sie wußte nicht mehr vor wem und warum, indem er unter das Wasser getaucht war und durch ein Schilfrohr geatmet hatte, solange sie nach ihm suchten. Kurt Steiner sagte, das sei erfundenes Zeug, das sei in Wirklichkeit gar nicht möglich. Marta sagte:»Doch, es kann möglich sein, versuch's!« Er sagte:»Das kann ich nicht, nein, das geht nicht.« Marta sagte:»Du mußt, du mußt!«

Und sie drängte ihn, es auszuprobieren, sofort, bevor sie noch kämen, nichts anderes bliebe ihm übrig, und deshalb sei es wohl möglich. Und sie zwang ihn, ins Wasser zu kriechen, und sie schnitt ein geeignetes Schilfrohr ab. Und es war noch nicht Nachmittag, da wurde es ernst mit ihren Proben. Das nächste Haus war umstellt worden und fruchtlos durchsucht; jetzt kamen sie in das Emrich-Haus, sie stiegen auch von der Küche durch die Kellerluke. Marta erschrak, als sie den Hohlraum zwischen den Holzstapeln fanden, sie könnten womöglich eine Spur, ein Härchen, ja einen Schatten entdecken. Sie stöberten aber nur wild und grimmig herum. »Wen sucht ihr denn?«, fragte Marta, die sich in all ihrer Furcht ein Gramm Spott bewahrte.»Mein jüngerer Bruder ist gefallen, mein älterer ist in Gefangenschaft.« –»Halt's Maul«, sagte die Feldpolizei, »ein Weib hat nicht bloß Brüder.« Marta spürte die Todesahnung; dann dachte sie: Ob er's durchhält, ob er Luft kriegt?

Nachdem sie fruchtlos auch rund ums Haus gesucht hatten, zogen sie fluchend ab ins nächste Haus. Kurt Steiner kroch schließlich zurück in sein Kellerloch, das kam ihm fast wohnlich vor. Sie mußten aber dauernd auf eine neue Razzia gefaßt sein. Er war am Verzweifeln, er sagte, der Tod sei ihm lieber als die unerträgliche Spannung. Er könne auch keine Razzia mehr ertragen, nur durch das Schilfrohr atmend.

Marta redete heftig auf ihn ein, jetzt sei das Ende des Krieges ganz nahe, gerade dafür hätte er sich in solche Gefahr begeben, er müsse das Ende des Krieges miterleben. – Bald erfuhren die beiden, die Dörfer würden abermals durchgekämmt, sie hätten damit nachts begonnen.

Sie beschwor den Kurt Steiner, es noch einmal zu wagen. Was habe er alles gewagt, damit endlich Frieden sei! Und da wolle er elend verrecken drei Minuten vor Torschluß. Und er nahm es noch einmal auf sich, von ihrem Drängen bezwungen, es gelang ihm noch einmal, als sie wirklich kamen und suchten, durch das Schilfrohr zu atmen. –

Nach ein paar Wochen war Berlin eingenommen. Der Krieg war zu Ende. Die beiden im Emrich-Haus weinten und lachten, sie aßen zusammen ein Freudenmahl, und sie tranken Wein, und sie legten sich in das weiße kühle Bett wie gewöhnliche Eheleute; kein Motorengeräusch erschreckte sie mehr.

Die ganze Gegend war derartig überschwemmt von Flüchtlingen, die Häuser waren so vollgestopft, daß niemand sich über Kurt Steiner wunderte, einer von vielen Fremden, die aufgetaucht waren. Nun, da ihr Herz ruhig war und alle Gefahr überstanden, hütete Marta ihre Beete streng vor den Tritten der Soldaten und vor den Kindern der Flüchtlinge.

Kurt Steiner sah lächelnd zu, wie sie sich mühte, das Ihre wieder in Ordnung zu halten in dem heillosen Durcheinander. Er sah sie nun, wie sie jeden Tag aussah, grobknochig, mit flachem und breitem Gesicht.

Nach einer Woche sagte er, nun müsse er in die Stadt, um seine Freunde wiederzusehen.

Sie war verbissen in ihre Arbeit; dabei ließ sich leichter warten, da er gar zu lang wegblieb. Und endlich, unversehens, hörte sie seine Stimme. Er war mit mehreren Menschen gekommen, in einem russischen Militärauto. Er brachte einige Freunde an, die er wiedergefunden hatte. Auch zwei Offiziere kamen. Einer sprach ganz gut deutsch, und er fragte Marta genau aus. Offenbar hatte ihnen Kurt Steiner viel über seine Flucht erzählt und über sein Versteck, und als der Offizier nun immer wieder Bescheid wissen wollte, ob sich alles genau so verhalten hätte, erwiderte Marta kurz: »Gewiß. So war es.« Die Offiziere betrachteten sie erstaunt, mit warmen Augen. Dann zeigte Kurt Steiner seinen Freunden das Versteck im Keller und auch die Stelle am Ufer, an der er mit dem Schilfrohr während der Fahndung ausgeharrt hatte. Er verschwieg nicht, was er Marta verdanke. Sie hätte ihm nicht nur das Leben gerettet, sie hätte ihm dauernd Mut zugesprochen.

Marta hörte sich alles stumm an. Sein Ton war ihr fremd. Als sie etwas zum Essen richten wollte, denn sie hatte verschiedenes gehamstert, sagte Kurt Steiner: »Wo denkst du hin? Im Gegenteil. Wir haben dir ein Eßpaket mitgebracht. Wir fahren gleich alle wieder zurück.«

»Du auch?« fragte Marta. »Gewiß, ich muß«, sagte Kurt Steiner, »jetzt hab ich in Berlin eine Arbeit, eine gute, in der neuen Verwaltung.« Er strich ihr wie einem Kind übers Haar. Er rief noch einmal im Weggehen: »Ich laß bald von mir hören!« Marta horchte dem Auto nach. Ihr Herz war früher leichter geworden, wenn sich das Motorengeräusch entfernt hatte, jetzt wurde es schwerer.

Sie hatte von klein auf ihre Gedanken für sich behalten. Sie besaß gar nicht die Fähigkeit, sich auszusprechen. Den Leuten, mit denen sie umgehen mußte, um Gärtnerei und Haus zu besorgen, war ihre Einsilbigkeit bekannt. Es fiel niemand auf, daß sie jetzt noch weniger Worte machte. –

Eines Tages erschien Kurt Steiner, um zu fragen, wie es ihr gehe. Er bot ihr allerlei Hilfe an. Marta erwiderte, was sie allen erwiderte: »Ich werd allein fertig.« Und als er ihr seine Dankbarkeit nochmals leidenschaftlich versicherte, sagte sie: »Schon gut, Kurt.« Sie machte sich steif, als er sie zum Abschied an sich ziehen wollte. –

Ihr Bruder Karl kam aus der Gefangenschaft. Er war grober und schroffer denn je. Er fand für die Schwester kein einziges gutes Wort; er ärgerte sich über jede Veränderung in der Gärtnerei. Das Haus fand er zwar gut im Stande, aber er lobte nichts; es schien ihm freilich geeignet, um mit einer Frau aus ordentlicher Familie hineinzuziehen, einer Bauerntochter aus dem nächsten Dorf. Marta mußte ihr Zimmer abtreten, sie erhielt eine schmale Kammer. Das junge Paar nutzte Marta aus. Ihr Bruder war geradezu darauf erpicht, alles, was sie in seiner Abwesenheit bewirtschaftet hatte, von Grund auf zu verändern. Das tat er auch, weil er in Wut geriet über das »Soll«, die neuen Abgaben, um zu beweisen, daß es unmöglich sei, den Überschuß zu erzielen, der »freie Spitzen« hieß. –

Marta rief sich manchmal im stillen ins Gedächtnis zurück, was ihr Kurt Steiner erklärt hatte, obwohl er seit langem nicht mehr aufgetaucht war. Er hatte gesagt, so einer will immer mehr Land, er will auch fremdes Land, er braucht den Krieg.

Eines Sonntags, als sie still und allein auf der kleinen Bank saß, die ihr Bruder auf der Seeseite für seine Frau aufgestellt hatte – das Paar war zu den Schwiegereltern ins Dorf –, fuhr ein Motorboot auf den Steg zu. Kurt Steiner sprang heraus, und er half einer jungen Person beim Aussteigen. Marta verstand sogleich, daß diese ungefähr so beschaffen war, wie sich Kurt seine Frau vorstellen mochte. Er begrüßte Marta vergnügt, er sagte, er hätte noch einmal den ganzen Fluchtweg zurücklegen und seiner Freundin erklären wollen. »Und hier ist auch gleich die Marta zur Stelle«, endete er. Diesmal erlaubte er Marta, Kaffee zu kochen, er hatte ihr echte Bohnen mitgebracht. Sie saßen eine Stunde beisammen. »Was wir erlebt haben, du und ich«, sagte er und nahm ihre Hand, »kann man nie im Leben vergessen.« – »Gewiß nicht«, erwiderte Marta. »Wenn du etwas brauchst, komm zu uns«, sagte Kurt, und er schrieb ihr auf, wo sie in Berlin wohnten.

Als der Bruder und seine Frau heimkamen, waren sie ungehalten, weil Marta inzwischen Gäste bewirtet hatte. Sie schnüffelten den Kaffeegeruch. Die Schwägerin schimpfte, weil Marta das Service benutzte, das zu ihrer Mitgift gehörte. Dann wurden sie neugierig, wollten durchaus erfahren, was für Leute Marta besucht haben könnten. Marta erwiderte: »Noch vom Krieg her, Bekannte.«

Inzwischen war in den Dörfern etwas gegründet worden, was

»Gegenseitige Bauernhilfe« hieß. Der Bruder schimpfte: »Die können mich – in so was tritt einer wie ich nicht ein.« Marta sagte: »So einer wie du, nein.« Sie radelte abends ins Dorf. In der Wirtschaft, die ihren Verwandten gehörte, gab es manchmal eine Versammlung. Dort hörte sie zu. Schüttelte auch mal den Kopf, wenn ihr etwas gegen den Strich ging.

Der Bruder sagte: »Wenn du dich da herumtreibst, kannst du gleich anderswo wohnen.«

»Mich kannst du nicht rausschmeißen«, sagte Marta, »der Vater hat's uns Kindern vermacht. Auszahlen kannst du mich aber, wenn du Lust hast.«

Dazu hatte Karl durchaus keine Lust. Er war erbost und erstaunt. Was diese Marta sich für einen Ton zugelegt hat.

Von nun an wurde Marta mal so, mal so behandelt. Mal tückisch-freundlich, mal als Aschenbrödel. Obwohl ihr vor jeder Heimkehr bangte, war sie erleichtert, wenn sie davonradeln konnte in ihre Bauernversammlung. Doch satt wurde ihr Herz davon nicht. Ihr Leben war bitter.

Sie sehnte sich danach, den Kurt Steiner wiederzusehen. Sie konnte und konnte nicht abwarten, bis er von selbst kam. Sein Gesicht, das ihr anders dünkte als alle ihr bekannten Gesichter, schnell einmal vor sich zu haben mit seinem hellbraunen Haarschopf, mit seinem festen Blick. Und seine Stimme zu hören. Sie hatte viel zu fragen. Ihr schien, er könne alles auf Erden erklären. Er war verheiratet, und er hatte wohl schon ein Kind. Er könnte unwillig werden, wenn sie plötzlich erschien. Er hatte sie aber selbst mit seiner Braut besucht, ihr aufgeschrieben, wo sie in Berlin wohnten.

Da ihr Bruder in amtlichen und schriftlichen Sachen äußerst unsicher, Marta aber seit Jahren gewohnt war, alles allein zu erledigen, fand sich eine Gelegenheit. Marta erbot sich zum Besuch der Bauernbank in Berlin, ohne daß sie sich anmerken ließ, wieviel ihr an dieser Reise lag. Dem Bruder war es nur recht.

Sie kannte die Fahrt genau und kam pünktlich an. Von der Bank fuhr sie nach Weißensee zu dem Haus, in dem Kurt Steiner wohnte. Als sie die Treppe hinaufstieg, dachte sie: Soll ich? Soll ich nicht?

Aber im zweiten Stock an der Wohnungstür stand ein fremder Name. Sie suchte umsonst die übrigen Türen ab. Schließlich fragte sie eine Frau, die gerade vom Markt kam, wo denn hier ein Kurt Steiner wohne. Die Frau sagte: »Der ist schon längst weg.« – »Wohin denn?« Die fremde Frau zuckte die Achseln. Da Marta angstvoll beharrlich mit ihren Augen fragte, beschrieb die Frau spöttisch mit der Hand einen weiten Bogen.

Dann ging Marta zur Haltestelle. Sie war müde. Ihr war trübe zumut. Sie dachte auch: Er hätte mir's schreiben können. Als trage sie plötzlich schwer an ihrer Enttäuschung, waren ihre Schultern schlaff, auch ihre Mundwinkel hingen. Je näher der Autobus ihrem Dorf kam, desto mehr Gesichter erkannte sie. Sie raffte sich auf, weil ihr war, die Leute starrten sie an. Sie hörte, daß einer zum anderen sagte: »Die war auch dort in der Wirtschaft, ganz allein.« Sie dachte: Ihr hättet ja dem Kurt Steiner schön mitgespielt. Zur Gestapo hättet ihr den geschleift. Dann dachte sie voll Leid: Er ist jetzt für immer fort.

Sie ging von der letzten Haltestelle ins Haus. Wenn sie nicht ständig die Zähne zusammenbiß, würde die ganze Trübnis gleich wieder über sie schwappen. Sie zeigte dem Bruder die Bankpapiere, und da er nichts davon verstand, verstand er auch nichts zu rügen, als nur: »Warum bist du nicht früher gekommen?«

Auf einmal empfand sie im Innern eine Genugtuung. Sie besaß etwas eigenes, davon gab sie nichts preis. Was ihr, nur ihr gehörte, war keine Sache, sondern etwas Erlebtes. Darauf war sie stolz mit Fug und Recht. Sie straffte sich. –

An die Gärtnerei stieß ein Stück verwahrlostes Land. Die ehemaligen Besitzer waren entweder im Krieg geblieben, oder sie waren aus Angst auf und davon. Die Gemeinde überließ dieses Stück einem Umsiedler namens Klein. Auf der Flucht hatte Eberhard Klein seine Frau verloren. Seinen einzigen kleinen Sohn versorgte er selbst. Er war düster, recht hilflos. Er war zwar Gärtner gewesen, er hatte aber immer mit guter Erde zu tun gehabt. Er konnte sich nicht befreunden mit dem mageren Boden am See. Und auch nicht mit der Gemütsart der Leute, die so karg wie ihr Boden war.

Emrich war scharf darauf aus gewesen, das Stück zu erwerben, das nun Eberhard Klein bebaute. Darum zeigte er dem Klein die kalte Schulter. Und stellte der ihm eine Frage, gab er ihm dürftig Auskunft oder gar falsche. Klein glaubte zuerst, Marta sei von derselben Sorte. Mancher hatte ihm gesagt, sie sei grob, sie sei mürrisch. Doch einmal gab sie ihm ganz freundlich von selbst über den Zaun einen Rat, der das Beschneiden von Tomaten betraf. In der Bauernversammlung brachte sie, wenn auch scheu, eine vernünftige Meinung vor. Eberhard Klein horchte verwundert. Er dachte: Das sind genau meine Gedanken. Er fing auch an gewahr zu werden, wie gut und ruhig ihre Augen waren. –

Sie wurde bald seine Frau und seinem Kind eine gute Mutter. Sie lebten friedlich, einer Meinung, was die äußere Welt betraf und ihre eigene Arbeit und ihre kleine Familie. –

Einmal erhielt Marta aus Düsseldorf eine Karte von Kurt Steiner. Er schrieb, er würde sie nie vergessen. Eberhard Klein fragte, wer der Mann auf der Karte sei. Marta erwiderte: »Manchmal haben wir uns geholfen, in der schweren Zeit, im Krieg.« Sie fügte hinzu: »Er hat mir mal echten Kaffee verschafft.« Klein fragte nichts mehr, und sie sagte nichts mehr.

Wenn sich jemand nach Marta erkundigte, das kam selten vor, dann hieß es: Sie ist die Schwester vom Emrich. Jetzt hat sie den Eberhard Klein zum Mann. – Wer mit den Kleins einer Meinung war, sagte vielleicht noch: Die ist ordentlich.

Was hätte man andres sagen können, da man nichts andres wußte?

Anna Seghers, geboren 1900 in Mainz, mußte als Jüdin und Mitglied der Kommunistischen Partei 1933 vor den Nationalsozialisten fliehen. Sie lebte in Frankreich, dann in Mexiko, 1947 kehrte sie nach Ostberlin zurück, wo sie bis zu ihrem Tod 1983 blieb und eine herausragende Rolle im literarischen Leben der DDR spielte. Sie hat bedeutende Romane und Erzählungen geschrieben.

Großvater
Walter Landin

Großvater am Küchentisch. Großvater schüttelt den Kopf, starrt auf das Schachspiel, murmelt was vor sich hin. Das gibt es doch nicht. Der Junge freut sich. Ich hab gewonnen. Ich hab gewonnen, ruft er begeistert. Großvater schüttelt den Kopf und lächelt. Ja, du hast gewonnen. Du hast gut gelernt. Und Großvater lächelt.

Großvater im Rollstuhl. Dieses Bild hat sich festgesetzt. Großvater und Rollstuhl, das gehört zusammen. Gebrochener Oberschenkel. Wird nicht mehr zusammenwachsen, sagt der Arzt. Zucker, fügt er hinzu. Und es klingt wie eine Entschuldigung. Großvaters Leben spielt sich zwischen Bett und Rollstuhl ab. Jahrelang. In zwei Wochen werde ich wieder laufen, sagt Großvater. Er sagt es jeden Tag. Er ist überzeugt von dem, was er sagt. Auch einen Tag bevor er sterben wird, wird Großvater sagen: In zwei Wochen laufe ich wieder.

Großvater ein Buch in der Hand. Das ist Großvater. Großvater hat viele Bücher. Großvater der Büchernarr. Bücher sind seine große Leidenschaft. Ich werde beides erben. Wenige Wochen bleiben Großvater nur noch. Die Mozart-Biographie wird sein letztes Geburtstagsgeschenk. Er hat sich das Buch gewünscht. Mühsam liest er sich voran. Die Buchstaben verschwimmen vor den Augen. Die Augen werden von Tag zu Tag schwächer. Dieser körperliche Verfall. Dieses Wissen davon. Mühsam liest er sich voran. Ist das noch Lesen? Buchstabe für Buchstabe. Wort für Wort. Zeile für Zeile. Eine Seite dauert zwei Stunden. Ein Kapitel ist das Leben. Das ganze Buch die Ewigkeit.

Der Mann auf dem Foto. Klein mit einem Schnurrbart. Die Lachfältchen um die Augen. Neben ihm die große, stattliche Frau mit dem strengen Blick. Das soll Großvater sein? Das soll Großmutter sein? Das kann nicht sein. Meine Großeltern sind alt. Der Mann und die Frau auf dem Foto sind jung. Sehen so anders aus. Nein. Das kann nicht sein. Großvater und der Mann auf dem Foto, das sind zwei verschiedene Personen. Und vor der Frau mit dem strengen Blick habe ich Angst. Vor Großmutter fürchte ich mich nicht. Großmutter lacht. Großmutter in ihrem schwarzen Kleid kann wieder lachen. Großmutter erzählt. Was hatte ich für eine Wut, damals, als das Bild geknipst wurde. Es war in der Zeit der großen Krise. Jeder Pfennig mußte dreimal umgedreht werden. Da kaufte Großvater einen ganzen Stapel Bücher. Und weil er Gewissensbisse bekam, versteckte er die Bücher, eingeschlagen in Packpapier, im Garten. Unterm Johannisbeerstrauch. Nachts zog ein Gewitter auf. Großvater schlich sich aus dem Schlafzimmer, ging auf Zehenspitzen in den Garten, zog das Buchpaket vorsichtig aus seinem Versteck. Da bricht das Gewitter über Großvater herein. Großmutter steht hinter ihm. Sie ist ihm nachgeschlichen. Großmutter ist das Gewitter.

Großvater sitzt nicht mehr am Tisch beim Schachspiel. Großvater hat kein Buch mehr in der Hand. Großvaters Rollstuhl steht unbenutzt in der Ecke. Großvater ist tot. Vielleicht ist der Mann auf dem Foto doch Großvater. Großmutter erzählt gern. Wir mußten jeden Pfennig dreimal umdrehen, erzählt sie. Großvater war arbeitslos. Lange Jahre arbeitslos während der Nazizeit. Als die Nazis an die Macht kamen, wurde Großvater arbeitslos. Er weigerte sich, Mitglied in der NSDAP zu werden. Im Haus, in dem Großvater wohnte, wohnten auch Nazis. Im Treppenhaus die gleiche Szene. Jeden Tag. Heil Hitler! Der erhobene, ausgestreckte Arm. Grüß Gott, die Antwort. Jeden Tag. Eines Tages wurde Großvater von der Gestapo* abgeholt. Vorladung hieß es höflich. Er hat nie etwas darüber erzählt. Großvater redete wenig.

Ich stelle mir die Gespräche in der Küche vor, abends beim Kartenspielen. Denk an deine Familie, sagt Großmutter. Wovon

Gestapo: Geheime Staatspolizei

sollen wir leben? Nein, sagt Großvater. Denk an deine Kinder. Tritt ein! Großvater schüttelt den Kopf. Vielleicht war es auch anders. Vielleicht hat Großmutter Großvater in den Arm genommen. Vielleicht hat sie gesagt: Laß dich nicht unterkriegen. Vielleicht hat sie gesagt: Das schaffen wir schon. Vielleicht. Ich weiß es nicht.

Großvater ist tot. Als Großvater noch lebte, schwieg ich mit ihm beim Schachspiel. Großvater war für mich ein Buch mit sieben Siegeln. Heute habe ich einige Seiten verstanden. Als Großvater noch lebte, kannte ich ihn kaum. Großvater ist schon lange tot. Heute ist er mir vertraut. Ich habe von Großvater nicht nur das Schachspielen gelernt.

Walter Landin, geboren 1952 in Dirnstein/Pfalz, lebt als Lehrer und Schriftsteller in Mannheim.

Das Schild an der Ladentür

Johanna Braun / Günter Braun

Als die Geschäftsinhaber veranlaßt werden sollten, an ihrer Tür ein Schild »Juden sind hier unerwünscht« anzubringen, äußerte Onkel Oswin, er bringe so ein Schild an seinem Tabakladen nicht an.

Seine Frau fragte ihn darauf nach den Gründen, nicht, weil sie meinte, er müsse so ein Schild anbringen, sondern weil sie wissen wollte, was zu sagen sei, wenn jemand käme und verlangte, daß so ein Schild angebracht würde. Onkel Oswin gab als ersten Grund an, daß auch Juden rauchen wollten, als zweiten, daß auch er, als sie in der Straße noch Läden besaßen, bei ihnen gekauft habe, als dritten, daß man einen Kunden nicht von der Tür scheuche, da Kunde Kunde sei.

Und das sollte sie den Leuten sagen, die verlangen würden, daß sie das Schild anmachten?

Denen werde man am besten nichts sagen, erklärte Onkel Oswin.

Man werde weiter nichts tun, als es nicht anmachen, und sich sonst ruhig verhalten.

Als sich die Nachricht von den Schildern als amtlich erwies, bat die Großmutter Onkel Oswin, ein Schild mit der Aufschrift »Christliches Geschäft« anzubringen, dann habe man einerseits ein Schild, durch das man sich von den Juden absondere, andererseits betone man, daß man christlich sei, also nicht ganz so sehr für die augenblickliche Regierung.

Onkel Oswin hielt ihr entgegen, daß das Christenschild seinen Sinn verloren habe, da es keine jüdischen Geschäfte mehr gebe, von denen man sich absondern könne. Er schlug vor abzuwarten, bis jemand in den Laden käme und das Schild brächte. Möglicherweise dachte er dabei an die Leute, die Plakate für Zirkus oder Varieté austrugen und ihm für den Aushang in seinem Laden Karten zu ermäßigten Preisen gaben. Aber die Verteilung der Schilder wurde so gehandhabt, daß man Oswin eines Tages aufforderte, das für ihn bereitgestellte Schild abzuholen und den dafür zu zahlenden Betrag in Reichsmark möglichst passend mitzubringen.

Seine Meinung zu diesen Schildern habe er bereits geäußert, sagte daraufhin Onkel Oswin.

Als ihm seine Frau mitteilte, daß am Milchladen und am Schuhgeschäft der Straße bereits das Schild hänge, daß es silbergrau mit einer schwarzen Schrift sei und an sich nicht schlecht aussehe, antwortete er, daß es selbstverständlich schlecht aussehe.

Es sehe nicht knallig aus, meinte sie.

Ein derartiges Schild werde immer knallig aussehen, ganz gleich, was für eine Farbe es habe, antwortete er.

Seine Frau bat ihn dann, nach einem Weg zu suchen, wie man auf vernünftige Weise das Schild nicht anzubringen brauche.

Was sie unter vernünftiger Weise verstehe?

»Ich meine«, sagte sie, »daß du vielleicht eingesperrt werden könntest. Und die Kinder kommen in ein Erziehungsheim.«

Er antwortete darauf nicht, sie bemerkte aber, daß er mehrere Nächte nicht schlief, obwohl er sich so stellte, als schliefe er. Schließlich schlug sie vor, einen Rat einzuholen, und sie lud ihren Bruder ein, der lange arbeitslos gewesen war, von der Regierung Arbeit erhalten hatte und deshalb mit ihr sympathisierte, der aber nichts gegen die Juden hatte.

Dieser Bruder, ein gewisser Helmut, schlug vor, Oswin solle das Schild abholen und die paar Groschen dafür bezahlen. Es könnte nämlich sonst so aussehen, als sei er geizig. In diesem Staat gehe Gemeinnutz vor Eigennutz, wie es ja auf den Geldstücken stehe. Er solle also das Schild kaufen, dann wäre hinter seinem Namen alles in Ordnung, und man könnte ihn nicht belangen.

Oswin erwiderte, er wolle es auch nicht abholen. Die Vorstellung, daß hinter seinem Namen stehen würde, er habe ein derartiges Schild abgeholt, sei ihm unangenehm.

Natürlich sei sie nicht angenehm, sagte sein Schwager, aber Papier sei schließlich Papier. Oswin glaube nicht, wieviel über Menschen zu Papier gebracht würde, was dann in Aktenschränken ruhe und nach zehn Jahren vernichtet würde, weil man sich nicht in Akten einmauern könne. Außerdem brauche Oswin das Schild ja nicht anzubringen. Er werde es sich überlegen, sagte Oswin.

Bald darauf erschien in der Zeitung die Notiz, daß Nachzügler, die es bisher versäumt hätten, ihr Schild abzuholen, dies noch bis Ende der Woche tun könnten.

Es sei also hier von Können und nicht von Müssen die Rede, sagte Oswin erfreut.

Das sei dasselbe, erklärte ihm seine Frau.

Er fragte sie, ob ihr an der Zeitungsnotiz nichts aufgefallen sei. Es sei von Nachzüglern die Rede. Das bedeute, daß mehrere das Schild nicht abgeholt hätten. Deshalb denke er nicht daran, dorthin zu gehen.

An den folgenden Tagen erschienen allerdings an allen anderen Geschäften der Straße die Schilder, und eines Mittags legte Oswins Frau ebenfalls das graue Schild auf den Ladentisch und empfahl Oswin, es in die Schublade der Kasse zu legen und, wenn ihn jemand frage, zu antworten, er habe das Schild und sei im Begriff, es anzubringen. Sie legte auch vier Schräubchen dazu, die man ihr mit dem Schild ausgehändigt hatte.

In der Zeitung erschien schließlich ein Artikel über Volksgenossen, die es noch versäumt hätten, das Schild anzubringen, und damit die Schlagartigkeit der Aktion gegen das Judentum in Frage stellten. Oswins Schwager rauchte im Laden eine Zigarre und sagte, man müsse die Möglichkeit eines Anbringens ins Auge fassen. Es sei wohl doch nicht möglich, als einzelner gegen die ganze Volksgemeinschaft zu stehen.

Oswin fragte den Schwager, welche Folgen er für den Fall voraussehe.

Er sehe, sagte der Schwager, daß Oswin der Laden abgenommen werde, daß er und seine Frau und seine Kinder zur staatlichen Umerziehung kämen.

Er werde es sich überlegen, sagte Oswin, und er bat noch am selben Tag seinen Schulfreund zu sich, und sie lehnten noch nach Ladenschluß neben dem Messinggestell mit der kleinen Flamme und rauchten schwarze Zigarren. Der Schulfreund, ein Studienrat, dessen Fach Biologie war, erklärte, daß er ein Freund der Juden sei, daß er ihre großen Geister verehre, wie Oswin sicher noch wisse, daß er aber in Oswins Situation das Schild anbringen würde, weil Oswin, wenn er es als einziger nicht anbrächte, den Juden damit auch nicht helfen könnte. Anders wäre es, wenn die ganze Stadt oder mehrere Städte sich weigerten, es anzubringen, die Regierung würde dann nachdenklich werden und ihre Maßnahmen mildern. So aber nütze Oswin keinem Menschen. Er zeige nur den lächerlichen Protest eines Einzelgängers und schade damit seiner Familie. »Ich verstehe deine moralischen Bedenken«, sagte der Freund, »aber wenn alle das Schild anmachen, ist es so, als ob es keiner angemacht hätte. Dann hast du es auch nicht angemacht.« Das sei eine merkwürdige Logik, antwortete Oswin, mit der komme er nicht mit. »Wenn es alle tun«, sagte der Freund, »ist es nur ein formaler Akt wie das Vaterunser, das alle in der Kirche runterbeten, wie das Sündenbekenntnis oder wie eine Floskel zwischen Geschäftspartnern, und wenn es sich um eine befohlene Sache wie die mit dem Schild handelt, vollkommen wertlos.« Niemand könne Oswin einen Vorwurf machen, wenn er gezwungenermaßen, wie offensichtlich sei, ein Schild anbringe. Er möge bedenken, daß manche Staatsmaßnahmen gerade dadurch beeinträchtigt würden, daß man sie unterstütze.

Es war schon dunkel, als Oswins Frau in den Laden kam und plötzlich weinte. Sie wünschte, daß die Juden überhaupt nicht vorhanden wären. »Wenn sie doch nicht hier wären, sondern in einem Land, wo sie hingehören.« Wo sie wohl hingehörten, fragte Oswin. Das wisse sie nicht, sagte sie, es sei ihr auch gleichgültig, sie wolle ihre Ruhe, sie sei mit den Nerven fertig.

Am andern Tag las Oswin in der Zeitung einen praktischen Hinweis darüber, wie die Volksgenossen das Schild, daß Juden in ihrem Laden unerwünscht seien, am besten anbringen sollten. Es wurde empfohlen, es oberhalb der Klinke in mittlerer Augenhöhe zu befestigen. So sei es am besten sichtbar, und die Juden müßten gleich darauf stoßen. Oswin sagte zu seiner Frau, er wolle das Schild jetzt anbringen, und zwar oberhalb der Tür, in einer Nische, in der auch die Zeile »Inhaber Oswin Steckhase« stand. Seine Frau schleppte sofort eine Leiter heran. Oswin brachte das Schild so an, daß es etwas schräg nach hinten geneigt war und man, wenn man vor der Tür stand, das Schild überhaupt nicht sah, und wenn man sich auf der anderen Straßenseite befand, nur schattenhaft den unteren Rand.

Eine der ersten Kundinnen nach Anbringung des Schildes war die Jüdin Frau Weinberger. Sie zündete sich am Flämmchen auf dem Messinghalter eine Zigarette an und sagte zu Oswin, endlich sei hier ein Laden, an dem das Schild fehle. Als Frau Weinberger gegangen war, zog sich Oswin in den Hinterraum zurück, und er bediente an diesem Tag nicht mehr.

Es gibt noch ein Foto von seinem Geschäft. Man sieht ein kleines Schaufenster mit der Aufschrift, daß Juno* aus gutem Grund rund

Juno: römische Göttin, von üppiger Gestalt. Hier wohl: Zigarettenmarke sei, und eine große Leuchtzigarre aus Glas. Wenn man genau hinsieht, kann man über der Tür, unter der Zeile »Inhaber Oswin Steckhase«, einen grauen Schatten erkennen. Aber den sieht man nur, wenn man weiß, daß er da ist.

Johanna Braun (geboren 1929 in Magdeburg) und Günter Braun (geboren 1928 in Wismar) leben in der DDR und schreiben in Gemeinschaftsarbeit Erzählungen und Romane für Jugendliche und Erwachsene.

Freundschaftsringe

Tilde Michels

Der Schreibwarenladen von Frau Obermeier war gleich neben der Schule. In dem schmalen Schaufenster häuften sich Schulhefte, Zeichenblöcke, Knallfrösche, Wundertüten, Wasserfarben, Abziehbilder, Postkarten von Filmschauspielern. Der Sinn für eine übersichtliche Dekoration ging Frau Obermeier ab. Sie zog aus der Auslage, was sie gerade brauchte; Lücken füllte sie unbekümmert mit Waren, die ihr im Weg standen.

Jetzt, nach Neujahr, lagen noch die alten Silvesterraketen im Fenster neben den neuen Kalendern für das Jahr 1933.

Susi und Esther verbrachten oft halbe Nachmittage in dem kleinen Laden. Frau Obermeier hatte nichts dagegen. Sie bediente Kunden und räumte Waren ein, während die beiden Mädchen prüften, was sie für ihre Zehner kaufen könnten. Es gab eine Zeit, da legten sie ihr ganzes Taschengeld in Wundertüten an. Aber dann wurde es ihnen zu fad, weil immer die gleichen Blechmäuse, Liebesperlen oder Gummischlangen darin waren.

»Freundschaftsringe!« sagte Esther eines Tages zu Susi. »Bei Frau Obermeier gibt's Freundschaftsringe. Laß uns die mal anschauen!«

Frau Obermeier legte eine volle Schachtel vor Esther und Susi auf den Ladentisch; dünne silberne Ringe mit roten, grünen oder blauen Steinen.

Esther stupfte die Ringe mit dem Zeigefinger ein bißchen durcheinander. »Die sehen alle gleich aus«, sagte sie. »Gibt's denn keine anderen?«

»Freundschaftsringe meinst du?« fragte Frau Obermeier.

»Na, überhaupt Ringe.«

Frau Obermeier schaute Esther nachdenklich an, dann zog sie ein

Päckchen aus einem Fach. »Ich hab' gerade eine neue Lieferung bekommen. Aber ich weiß nicht recht...«

Das Zögern in ihrer Stimme machte die beiden Mädchen neugierig.

»Zeigen sie doch mal!«

Der Karton war noch verschnürt. Frau Obermeier zupfte mit Fingerspitzen und Nägeln den Knoten auf. Die Kordel durfte nicht einfach durchgeschnitten werden; die war noch gut zu gebrauchen.

Es dauerte den beiden viel zu lange, bis Frau Obermeier den Deckel endlich abhob und das innere Seidenpapier auseinanderschlug. Darunter lagen die Ringe in fünf Reihen hintereinander geschichtet. Sie waren ähnlich wie die andern, schmal und silbern, aber anstelle des bunten Steins hatten sie eine kleine Platte, auf der ein schwarzes Hakenkreuz eingraviert war.

»Das wird jetzt verlangt«, erklärte Frau Obermeier, und dann sagte sie noch einmal: »Aber ich weiß nicht recht.«

Esther und Susi gefielen die Ringe sofort.

»Ist mal was anderes«, sagte Esther und zählte ihr Geld auf den Ladentisch.

Dann kaufte auch Susi einen, und sie steckten sich ihre Ringe gegenseitig an die Finger.

»Das bedeutet jetzt Freundschaft für immer und ewig«, sagte Esther. Und sie rannten zusammen bis zu der Straßenecke, an der sich ihr Heimweg trennte.

Susi war noch bei den Hausaufgaben, als Esther läutete.

»Du«, sagte sie. »Ich darf den Ring nicht tragen. Mein Vater hat gesagt, das Hakenkreuz ist ganz schlimm für uns. Und wenn die Hakenkreuzleute an die Regierung kommen, dann müssen wir weg von hier.«

»Du spinnst«, sagte Susi. »Warum denn weg?«

»Weil...« Esther zuckte mit den Schultern. »Mein Vater hat gesagt, die Hakenkreuzleute wollen uns nicht haben, weil wir Juden sind.«

Weil sie Juden sind? Susi kann das nicht begreifen. Es gibt noch andere jüdische Kinder in der Nachbarschaft; Daniel Schapiro zum Beispiel und Benni Wolfsthal. Die gehen in einen anderen Religionsunterricht und können hebräische Schrift lesen. Und der Hausarzt, der Susi von früh auf behandelt hat, ist auch Jude. Das ist doch ganz in Ordnung, denkt Susi. Aber sie hat längst gemerkt, daß gewisse Unterscheidungen gemacht wurden:

Es kam vor, daß Susis Mutter am Abend dringend noch etwas für die Küche brauchte, wenn alle Geschäfte geschlossen hatten. Dann schickte sie Susi zu dem kleinen Krämerladen von Mosche Herz. Bei dem konnte man noch bis spät abends durch die Hintertür einkaufen. Aber sie sagte nicht: Geh zu Herz! Sie sagte: Geh zum Juden! Oder wenn die Leute von Doktor Levi sprachen, gab es welche, die sagten: Ein Jude, aber ein sehr guter Arzt. – Aber! Warum eigentlich aber, überlegt Susi, und dann denkt sie nicht weiter darüber nach. Auch über die Freundschaftsringe denkt sie nicht lange nach. Sie durfte den ihren tragen, Esther nicht. Die Erwachsenen hatten manchmal seltsame Ansichten. Was änderte das schon? Esther blieb trotzdem ihre Freundin.

Bald aber begann sich vieles zu ändern. Rote Fahnen mit dem Hakenkreuz hingen von allen Häusern herunter, und auf den Straßen marschierten SA-Männer in braunen Uniformen. Die Hitlerpartei hatte die Regierung übernommen. Ihr Führer war jetzt der Führer des ganzen Landes.

»Ist das schlimm?« fragte Susi ihre Mutter.

»Schlimm? Wie kommst du darauf?«

»Esther hat das gesagt.« Und Susi denkt: Ob es wahr ist, was Esthers Vater über die Hitlerleute sagt? Es hört sich an, als hätte er Angst vor ihnen. Susis Vater redet ganz anders. Er behauptet, daß jetzt alles besser wird. Daß die vielen Arbeitslosen von der Straße kommen. Daß es jetzt wieder eine Ordnung gibt.

Die Stimme der Mutter drang in Susis Gedanken. »Du solltest besser nicht auf Esther hören! Was versteht die schon davon? Sie ist ja sonst ein nettes Mädchen, aber...«

»Was aber?«

»Ich weiß nicht, ob es gut ist, daß du ständig mit ihr zusammen bist. Es wird so vieles geschwätzt und gemunkelt. Gestern hat mich Frau Gruber im Treppenhaus angehalten. Wieso du als arisches* Kind immer noch mit diesem Judenmädchen verkehrst. Wir sollen dir das verbieten.«

»Pah!« machte Susi. »Die Gruber! Was geht die denn an, mit wem ich verkehre.«

Von solchen Sachen wollte Susi nichts wissen. Aber von nun an geschahen ständig Dinge, die sie nicht übersehen konnte. Eines Morgens stand quer über der Ladentür von Mosche Herz: KAUFT NICHT BEIM JUDEN. Und darunter war ein Stern gepinselt, ein aus zwei gleichschenkligen Dreiecken gebildeter Davidstern.

Dann hörte sie von Leuten, die plötzlich wegzogen, ganz schnell.

---

arisch: bei den Nationalsozialisten: der nichtjüdischen weißen Rasse zugehörend

Auch Doktor Levi zog weg. »Er wandert aus«, sagte Susis Mutter. »Alles wird verkauft. Zu Spottpreisen.«

Und Esther? überlegt Susi. Aber Esther kam zur Schule wie immer, und die Klassenkameradinnen behandelten sie nicht anders als sonst. Nur Helga zeigte deutlich, daß sie mit Esther nichts mehr zu tun haben wollte.

Helga war die erste, die in der Kluft der Hitlerjugend erschien. Schwarzer Rock, weiße Bluse, um den Hals ein schwarzes Dreiecktuch, das durch einen Knoten aus Lederriemen gezogen wurde. Ziemlich flott sah das aus. Und Helga schwärmte von den Heimabenden, an denen sich die Jungmädel trafen. Da wurde erzählt, gesungen und musiziert.

»Unsere Führerin ist pfundig«, sagte Helga. »Die spielt Gitarre, und ich lerne jetzt Flöte.«

Dann, nach den Osterferien, bekam die Klasse eine neue Lehrerin. Der Direktor führte sie ein.

»Ich bringe euch Frau Weigand. Sie wird den Geschichtsunterricht übernehmen anstelle von Herrn Peters, der die Schule verlassen hat.«

Verlassen? Warum denn? Susi will das fragen, aber dann traut sie sich nicht.

Und eigentlich weiß sie es auch schon. Sie hat gehört, was Frau Gruber zu Susis Mutter gesagt hat. »Der Peters wird sich noch umschaun«, hat sie gesagt. »Diesem alten Sozi* werden sie's zeigen. Von wegen unsere Kinder unterrichten! Der mit seinen volksschädlichen Ideen.«

Die Augen der Klasse waren auf die neue Lehrerin gerichtet. Frau Weigand hatte ein frisches rundes Gesicht. Ihr Haar war in der Mitte gescheitelt und zu einem dicken Knoten geschlungen. Am Aufschlag ihres grauen Kostüms steckte das schwarz-weiß-rote Parteiabzeichen mit dem Hakenkreuz.

Esther saß neben Susi in der ersten Reihe am Fenster. Sie senkte den Blick und begann, sich einen Wollfaden aus dem Ärmel ihres Pullovers zu zupfen.

»Nun, Kinder«, sagte der Direktor, »wollt ihr Frau Weigand nicht begrüßen?«

Da sprangen alle auf und riefen im Chor: »Guten Morgen, Frau Weigand.«

Frau Weigand nickte, lächelte, und nachdem der Direktor gegangen war, begann sie mit dem Unterricht.

Sozi: Sozialdemokrat

Vor der nächsten Geschichtsstunde, als die Klasse zum Morgengruß aufstand, winkte Frau Weigand ab. »Wartet einen Augenblick!« Sie ließ ihre Augen über die Klasse schweifen und sagte dann: »Von heute an sollt ihr nicht mich, sondern den Führer grüßen. Ich bin nicht so wichtig.«

Sie streckte den rechten Arm aus und sagte: »Heil Hitler!«

Sofort fuhren vierunddreißig Arme in die Luft: »Heil Hitler!«

Esther war auch aufgestanden, aber den Arm hatte sie nicht gehoben. Mit gesenktem Kopf stand sie da. Keines der Mädchen achtete auf sie, auch Susi nicht. Erst jetzt, als alle wieder in den Bänken saßen, fiel ihr auf, daß Frau Weigands Blick prüfend auf Esther lag.

»Ach so, ich weiß schon! Esther Mendelssohn, nicht wahr?«

Esther nickte, schaute aber nicht auf, und Frau Weigand fuhr fort: »So geht das natürlich nicht! Das wirst du einsehen, Esther. Eine Schülerin, die den Führer nicht grüßt, vielmehr, die gar nicht das Recht hat, ihn zu grüßen, kann ich in der ersten Reihe nicht dulden. Nimm bitte deine Mappe und tausche den Platz mit...« ihr Blick glitt über die letzte Reihe. »Wie heißt du da hinten?«

Helga sprang auf und nannte ihren Namen.

»Gut Helga, komm nach vorn!«

Wortlos, mit zusammengepreßten Lippen, schob Esther ihre Hefte in die Mappe. Auch Susi griff nach ihren Sachen. Ohne zu überlegen, packte sie ihre Schultasche. Sie wollte bei Esther bleiben, das war klar. Wenn Esther nach hinten mußte, ging sie auch. Sie stand auf und blickte um sich. Die Augen der ganzen Klasse waren auf sie gerichtet. In Frau Weigands Miene spiegelte sich Erstaunen.

Esther trug schon ihre Tasche durch die Bankreihen nach hinten. Susi schaute ihr nach, aber sie konnte keinen Fuß rühren. Sie war wie festgebannt durch die vielen Augen. Die Mappe in ihren Händen wurde schwer, und die Zeit dehnte sich endlos.

Helga hatte inzwischen ihre Bücher unter die Bank geschoben. Sie lachte Susi an und flüsterte: »Kann nichts dafür. Befehl ist Befehl.«

Schließlich griff Frau Weigand nach ihrem Geschichtsbuch und schlug es auf. »Was ist denn, Susi? Setz dich doch endlich!«

Da rutschte Susi in die Bank zurück und legte ihre Hefte wieder aufs Pult.

In der Pause blieb Esther allein. Susi stellte sich in einen Kreis zu anderen, und nach der Schule rannte sie heim, ohne auf die Freundin zu warten. Dabei hätte sie so gern offen mit ihr geredet wie sonst. Mit Esther konnte sie über alles reden. Aber jetzt war da etwas wie eine

Wand, die sich zwischen sie und Esther geschoben hatte. Da kam sie einfach nicht durch.

Auch zu Hause ging dieses dumme Gefühl nicht weg. Susi saß über ihren Matheaufgaben und konnte keine einzige lösen. Bilder tauchten auf: die Hakenkreuzringe, Helga in der Jungmädelkluft, die vielen Augen, die sie angestarrt hatten, und Esther ganz allein in einer Ecke des Schulhofs.

Am nächsten Morgen wartete Susi an der Kreuzung, wo sie die Freundin immer traf. Aber Esther kam nicht. Ihr Platz in der Klasse blieb leer.

Gleich nach der letzten Stunde rannte Susi zur Wohnung von Mendelssohns. Die Tür stand offen. Eine Putzfrau fegte zerknülltes Packpapier und ein paar Scherben zusammen. Die Möbel waren fort. Nur die Gardinen hingen noch vor den Fenstern, und auch die Deckenlampen waren zurückgeblieben.

»Denen hat's pressiert«, sagte die Putzfrau. »In der Nacht haben sie gepackt, und in aller Früh war schon der Möbelwagen da. Bezahlt haben sie mich noch. Sehr großzügig sogar. Denen kann überhaupt gar niemand nichts Übles nachsagen. Eine Schand' ist es, eine Schand'! Aber da hält unsereins besser seinen Mund.«

Susi stieß die Tür zu Esthers Zimmer auf: die weißen Tüllvorhänge, die rosa Blümchentapete, sonst nichts mehr.

Da drehte sich Susi um und lief aus der Wohnung. Sie rannte die Treppe hinunter auf die Straße, rannte an Mauern und Zäunen entlang. Erst vor ihrem Haus hielt sie an. Sie lehnte sich an die schwere dunkle Eingangstür mit dem Messingknopf. Es war wirr in ihrem Kopf, und ihr Atem ging rasch und heftig.

Gemein, ganz gemein sind die! denkt Susi. – Die? Wer ist das überhaupt? Es sind ja plötzlich so viele dabei mit den Hakenkreuzfahnen und den Liedern und den Hakenkreuzringen. Und Susi überlegt: Wenn ich es doch noch tue? Wenn ich mich morgen in die hinterste Bank setze?

Aber das war nur so ein Gedanke. Susi wußte, daß sie es nicht tun würde. Wozu auch? Jetzt hatte Esther doch nichts mehr davon.

Tilde Michels, geboren 1920 in Frankfurt a. M., lebt in München als Kinderbuchautorin und Übersetzerin.

Kinder sind immer Erben

Max von der Grün

Bisher glaubte ich, Mörder müsse man an ihren Händen erkennen, Massenmörder an ihren Augen. Ich weiß nicht, warum ich das glaubte, wahrscheinlich hatte sich aus den Kindertagen diese Annahme in mir festgesetzt.

Mein Nachbar hatte die schönsten Augen, die ich je sah, und meine Frau, die gern in Bildern spricht, nannte seine Augen weinende Aquamarine*; seine Hände waren so schmal und wohlgepflegt, daß sie behüteten Frauenhänden glichen.

Dann wurde mein Nachbar verhaftet. Meine Frau und ich sahen an einem Sonntagvormittag zwei grüne Autos vorfahren, Uniformierte und Zivilisten führten meinen Nachbarn aus dem Haus in einen der grünen Wagen. Das ganze Stadtviertel wußte am Abend davon.

Am Montag darauf lasen wir in der Zeitung, der Verhaftete werde beschuldigt, an der Ermordung von 200 Geiseln in einem mährischen* Dorf im Jahre einundvierzig beteiligt gewesen zu sein.

Nein, sagte meine Frau. Nein! Nie! Nicht dieser Mann!

Ich wollte es auch nicht glauben. Ich war sprachlos geworden und beschimpfte stumm die Zeitungsleute als Schmutzfinken. Dieser Mann? Er und seine Frau spielten jede Woche einmal bei uns Doppelkopf, wir zechten und waren fröhlich und fuhren manchmal übers Wochenende vor die Stadt in den Wald. Manchmal sprachen wir auch über Politik, und er konnte sich über alles maßlos erregen, was auch nur den geringsten Anruch von Gewalt hatte. Waren wir bei ihnen eingeladen, konnten wir uns aufmerksamere Gastgeber nicht wünschen.

Vor drei Jahren hatte sich mein Nachbar ein Auto gekauft, seitdem nahm er mich in die Stadt zur Arbeit mit, morgens und abends fuhr er einen Umweg von einem Kilometer durch die belebtesten Straßen der Stadt, nur damit ich nicht der Unannehmlichkeit ausgesetzt war, mit der Straßenbahn zu fahren. Ich hätte morgens eine halbe Stunde früher aufstehen müssen, abends wäre ich eine Stunde später nach Hause gekommen.

Und dieser Mann, mit den Augen wie weinende Aquamarine, sollte nun ein Massenmörder sein?

Aber, sagte meine Frau hilflos, er lebte doch nicht unter falschem

---

Aquamarin: blauer Edelstein
Mähren: heute Teil der Tschechoslowakei

Namen. Er lebte wie wir, er hat gearbeitet, schwer geschuftet für seine Familie. Er war doch ein herzensguter Mann. Und hast du mal gehört, wie er mit seinen Kindern sprach? Spricht so ein Mann, der so sein soll, wie jetzt in der Zeitung steht? Nein, nein, so könntest du nie mit unseren Kindern sprechen. Er vergötterte seine Kinder.

Eine Antwort konnte ich ihr nicht geben, ich dachte all die Tage hindurch nur an unser wöchentliches Doppelkopfspiel und an die Geiseln in dem kleinen mährischen Dorf. Frauen sollen dabei gewesen sein und Kinder, und sie wurden von Maschinengewehren so kunstgerecht umgemäht, daß sie sofort in die lange, von ihnen selbst ausgehobene Grube fielen. Das soll die Erfindung meines Nachbarn gewesen sein, er habe damals, so hieß es, sogar einen Orden dafür bekommen.

Mein Gott, sagte meine Frau immer wieder, mein Gott! Die Frau, und die Kinder. Mein Gott, die Kinder! Die Kinder!

Dort in Mähren sollen auch Kinder dabei gewesen sein, sagte ich heftiger, als ich wollte.

Vielleicht lügen die Zeitungen, sagte sie später, und alles ist nur Erfindung oder eine Namensverwechslung. Er hat doch frei unter uns gelebt... er hätte doch untertauchen können... ja... wie so viele... verschwinden... daß ihn keiner findet...

Ich sah an den Samstagen, wenn ich zu Hause war, unsere Nachbarin ihre Kinder zur Schule bringen, zum Schutz, denn die anderen Kinder unserer Straße riefen die ihren Mörderkinder.

Wir sollten sie besuchen, sagte an einem Abend meine Frau. Wir waren nicht mehr bei ihr, seit ihr Mann verhaftet ist. Bist du verrückt? Das können wir nicht. Denk an meine Stellung. Wenn uns jemand sieht, dann heißt es womöglich noch, wir hätten davon gewußt, und wir werden auch vor Gericht gezerrt.

Aber, rief meine Frau, und die Tränen schossen ihr in die Augen, die Frau kann doch nichts dafür. Und dann: Die Kinder! Die Kinder!

Vielleicht hat die Frau alles gewußt! rief ich ungehalten.

Na und? Soll sie hingehen und ihren eigenen Mann anzeigen? Würdest du mich anzeigen? Würde ich dich anzeigen? Sag schon, so sag schon! Du stellst dir alles so leicht vor.

Mord bleibt Mord, sagte ich. Am nächsten Morgen ging ich an den Kindern des Verhafteten vorbei, als hätte ich sie nie gesehen. Sie riefen hinter mir her: Onkel Karl... Onkel Karl... Dann kam der Prozeß. Das Verbrechen war noch schrecklicher, als wir geglaubt hatten. Es stellte sich heraus, daß die Frau, zumindest in groben Zügen, von der Vergangenheit ihres Mannes wußte. Sie konnte ihre Aussage verweigern, aber sie sagte aus. Am Ende ihrer Aussage fragte sie der Richter, warum sie all die Jahre geschwiegen habe. Sie weinte, als sie sagte: Was sollte ich tun? Was nur? Was? Er ist doch...

Aus den Zeitungen erfuhren wir das alles, obwohl das Gerichtsgebäude nur tausend Meter von unserer Wohnung entfernt lag.

So, da hast du nun die ganze Wahrheit, sagte ich zu meiner Frau nach dem Urteil, fünfzehn Jahre Zuchthaus.

Die ganze Wahrheit? fragte sie leise.

Die ganze Wahrheit! schrie ich ihr ins Gesicht.

Und die Kinder? fragte sie nach einer Weile, und dann: Wenn du nun dieser Mann wärst?

Ich bin aber nicht dieser Mann, verstehst du? Ich bin nicht dieser Mann! Ich bin es nicht!

Nein, du nicht. Du hast damals Glück gehabt, damals, in den Jahren.

Du bist verrückt! Glück. Wenn ich das schon höre. Man brauchte so etwas nicht zu tun, man konnte sich weigern, verstehst du? Man konnte sich weigern.

Weißt du das so genau? fragte sie.

Ja, das weiß ich genau!

Und hast du dich geweigert? bohrte sie weiter.

Ich war erstaunt. Ich? Mich geweigert?... Nein... wieso... ich bin doch nie in die Lage gekommen... nein... das blieb mir erspart... ja... wie soll ich das sagen...

Ich sagte doch, du hast Glück gehabt, du bist nie in die Lage gekommen. Und du hättest dich natürlich geweigert.

Natürlich hätte ich! rief ich aufgebracht.

Sie sah mich lange an, dann sagte sie: Manchmal hast du auch Augen wie er, aber nur manchmal.

Sei vernünftig. Es geht hier um Wahrheit und um Gerechtigkeit. Wo kämen wir hin, wenn...

Oder um Rache? Nicht wahr? Wird ein anderer abgeurteilt, beruhigt das euer Gewissen. Geht es nicht auch um die Kinder? Ja mein Lieber, auch um die Kinder.

Dann trug sie das Abendessen auf.

Die Kinder des Verurteilten riefen nun nicht mehr Onkel Karl hinter mir her, sie versteckten sich, wenn sie mich kommen sahen, und das war schlimmer, als wenn sie gerufen hätten.

Am dritten Sonntag nach dem Urteil kam meine Frau in das Wohnzimmer, meine drei Kinder ebenfalls, und sie hatten Päckchen in den Händen, meine Frau Blumen. Ich wollte mich zu einem Mittagsschlaf hinlegen und ärgerte mich über die Störung.

Geht ihr aus? fragte ich. Wo wollt ihr so früh schon hin?

Hinüber, sagte sie. Zu ihr und den Kindern.

Was? Ich war bestürzt und zornig. Wenn du schon hinüber willst, dann warte, bis es Nacht ist.

Nein, sagte sie, dann sieht mich doch keiner.

Max von der Grün, geboren 1926 in Bayreuth. 1951 bis 1964 als Bergmann im Ruhrgebiet tätig. Seit 1964 freier Schriftsteller, bekannt durch seine engagierten Romane und Erzählungen.

Das gibt's doch nicht!

Einläßliche Beschreibung der Maulschelle

Alois Brandstetter

Eine Maulschelle nannten unsere Vorfahren das-
jenige, was wir modernen Menschen mit dem Worte
Ohrfeige zu bezeichnen uns angewöhnt haben.

Wer eine Maulschelle empfing, war ein Bube,
ein Rabenaas, ein nichtsnutziger Schelm, ein
Galgenstrick, ein vermaledeiter Schalk, ein Teu-
felsfraß, ein Grillenfänger, ein Tunirgendsgut,
ein Binnichthier, ein Siebenschläfer (sofern es
sich um ein Kind männlichen Geschlechtes handelte). Mädchen, die sich Maulschellen verdien-
ten (eine mildere Art derselben übrigens), waren
Lutschliesen, Schmollmäuler, Traumtaschen,
Schlafmiezen (und was dergleichen mehr ist).

Der Knabe, welcher sich eine Maulschelle
zuzog, trug einen Matrosenanzug, hatte eine
schlechte Haltung und selten eine Brille, woran
man den Fleißigen erkannte. Er zeigte schon im
zarten Kindesalter durch ein Zucken um die
Mundwinkel Anzeichen von Verschlagenheit
und Spottsucht, welche sich mit fortschreiten-
dem Alter zu bedrohlicher Größe auswachsen
würden. Er hatte es faustdick hinter den Ohren,
so daß diese steil abstanden. Er nahm sich an
keinem ein Vorbild.
Er nahm sich nicht zusammen.
Er nahm sich sehr viel heraus.
Er gab sich keine Mühe.
Er gab dauernd ein Ärgernis.
Er gab seinen Mitschülern oft Maulschellen.

72

Er gab, wenn er gefragt wurde, keinen Ton von sich.
Er gab seinen Erziehern manches Rätsel auf.
Er gab entsetzlich an.
Er gab sich keinen Stoß.
Er ging nicht in die Kirche.
Er ging Jüngeren nie mit gutem Beispiel voran.
Er ging jeder Anstrengung aus dem Weg.
Er ging nie aus sich heraus.
Er ging nicht in sich.
Er ließ sich gehen.
Er konnte nicht still sitzen.
Er konnte einen zur Weißglut bringen.
Er konnte sich nicht beherrschen.
Er konnte mit den Wahrwörtern nichts anfangen.
Er konnte sich in keinem Punkte mit seinem Bruder vergleichen.
Er konnte kein Instrument spielen.
Er konnte einem leid tun.

Diejenigen, welche Maulschellen austeilten, waren Respektspersonen. Hierzu zählten in der Ausdrucksweise unserer Vorvorderen Lehrer, Handwerksmeister, hochwürdige Herren, Herren überhaupt sowie Herrschaften jeglicher Art, insgesamt sehr vorgesetzte Personen.

Wer eine Maulschelle verabreichte, trug einen schwarzen Anzug, der an Ellbogen und Knien leicht ausgebeult war und daselbst ein wenig glänzte. Er trug Verantwortung. Er trug Hosenträger. Er besaß Ämter und Würden.

Er stand ratlos vor so viel Verstocktheit. Er war in Ähren ergraut.
Er war entrüstet über diesen Abgrund an Unbotmäßigkeit.
Er hatte mehr als gute Gründe für seine Maulschälle.
Er hatte in seiner Jugend nie eine Maulschälle empfangen müssen.
Er hatte auch nicht nur Glück in seinem Leben gehabt.
Er hatte früh seine Ältern verloren und für seine Geschwister sorgen müssen.
Er hatte bereits mit zwölf Jahren seinen Homer geläsen.
Er hat es sich nicht leucht gemacht.
Er hätte sich geschämt.
Er hätte sich so etwas nicht einmal im Traume einfallen lassen.
Er hätte sich zusammengerissen.
Er hätte sich am Riemen gerissen.
Er hätte sich eine Maulschälle zu Härzen genommen.

Alois Brandstetter, geboren 1938 in Österreich, ist heute Professor in Klagenfurt. Er schreibt er vor allem kritisch-satirische Romane und Geschichten.

Mal was andres

Kurt Kusenberg

Es war eine sehr steife Familie. Vielleicht lag es daran, daß sie sich gleichsam vorschriftsmäßig zusammensetzte: ein Mann, eine Frau, ein Sohn, eine Tochter – ach, Unsinn, daran lag es nicht, sondern das Steife steckte ihnen im Blut. Sie lächelten fein, aber sie lachten nie; sie benahmen sich wie bei Hofe und kannten kein derbes Wort. Hätte einer von ihnen gerülpst, so wären sicherlich die anderen ohnmächtig niedergesunken. Abgezirkelt verging ihnen der Tag. Beim Mittagessen betraten sie ganz kurz vor zwölf Uhr den Speisesaal, jeder durch eine andere Tür, und stellten sich hinter ihren Stühlen auf. Zwischen dem sechsten und dem siebten Schlag der Uhr nahmen sie Platz. Der Tisch war überaus vornehm gedeckt. Über der weißen Spitzendecke lag, um diese zu schonen, eine Glasplatte, und bei jedem Gedeck standen drei geschliffene Gläser, obwohl nie Wein getrunken wurde, nur Wasser. Die Mutter trug beim Essen einen Hut auf dem Kopf. Dem Vater traten ein wenig die Augen hervor, weil sein hoher, steifer Kragen ihn würgte, doch daran hatte er sich gewöhnt. Jeden von ihnen drückte irgend etwas, und irgend etwas war zu eng oder zu hart; sie mochten es eben nicht bequem haben.

Das Folgende aber begab sich nicht beim Mittagessen, sondern beim Abendbrot. Draußen, vor den Fenstern, spürte man den Mai; im Speisesaal spürte man ihn nicht. Kurz vor acht Uhr betraten sie den Raum und stellten sich hinter ihre Stühle, um zwischen dem sechsten und siebten Schlag Platz zu nehmen. Doch was war das? Der Sohn stand nicht hinter seinem Stuhl, er war unpünktlich – er fehlte. Jetzt schlug die Uhr. Man setzte sich. Der Diener brachte die Suppenschüssel. Eisige Luft umwehte den Tisch, aber niemand sprach ein Wort; die Mahlzeiten wurden schweigend eingenommen.

Sollte man es glauben? Noch immer war der Sohn nicht erschienen! Der Vater und die Mutter tauschten einen Blick und schüttelten den Kopf. Als die Tochter das sah, bangte ihr um den Bruder. Stumm löffelten die drei ihre Suppe.

Und jetzt, wahrhaftig, jetzt trat er durch die Tür, der achtzehnjährige Sohn, als sei nichts vorgefallen. Niemand schaute zu ihm hin, keiner bemerkte seine seltsame, gewitternde Miene. Was bedeutete sie – Aufruhr oder Spott? Im nächsten Augenblick beugte der Sohn sich nieder, setzte die Handflächen auf den Boden, schnellte die Beine hoch und stand kopfunten. So, in dieser würdelosen Stellung, marschierte er auf den Tisch zu.

Wo und wann er es gelernt hatte, auf den Händen zu gehen, blieb unerfindlich, es änderte auch nichts an dem unglaublichen Vorgang. Die drei am Tisch hörten auf, ihre Suppe zu löffeln, und starrten den Jüngling an; er mußte den Verstand verloren haben! Ja, so schien es – und doch wieder nicht, denn als der junge Mann bei seinem Stuhl angelangt war, ließ er sich wieder auf die Füße fallen, nahm Platz und aß von der Suppe.

Eigentlich – wir sagten es schon – wurde bei Tisch nicht gesprochen, aber als der Diener abgeräumt und das Hauptgericht gebracht hatte, tat der Vater seinen Mund auf und fragte: »Was soll das?«

Der Sohn zuckte die Achseln, lachte trotzig und sprach: »Mal was andres!«

Es waren nur drei Worte, aber sie fuhren wie ein Donnerschlag auf die übrigen nieder. Der Vater, die Mutter und die Tochter blickten ganz betäubt, und selbst wenn es erlaubt gewesen wäre, bei Tisch zu sprechen, hätte keiner ein Wort hervorgebracht.

Mal was andres! Schlimmeres konnte nicht ausgesprochen werden in einem Hause, welches so streng das Herkommen einhielt, denn es ging ja gerade darum, daß nichts sich änderte, daß alles genauso getan wurde, wie man es festgelegt hatte. Und dann die grobe, fast unflätige Ausdrucksweise! »Einmal etwas anderes« hieß das in einem Kreise, der sich einer sorgfältigen Sprache befliß.

Man aß und trank Wasser, mehr Wasser als sonst, aus verhaltener Erregung. Der Sohn tat, als merke er von alledem nichts.

Der Vater blickte auf den Tisch nieder. Wie es in ihm aussah, ließ sich denken – das heißt: genau wußte man es selbstverständlich nicht, denn das Innere eines Menschen ist sehr geheim und bisweilen überraschend. Wer zum Beispiel hätte das erwartet, was jetzt geschah?

Es begann damit, daß der Vater, obwohl er mit dem Essen fertig war, die Gabel in den Mund steckte und sie mit den Zähnen festhielt. Dann nahm er eines der geschliffenen Gläser und stellte es vorsichtig auf den Gabelgriff. Die Gabel schwankte ein wenig, doch das Glas blieb stehen. Sechs starre Augen verfolgten des Vaters Treiben. Der nahm jetzt ein zweites Glas und versuchte, es auf das erste zu setzen. Fast wäre es ihm gelungen, aber eben nur fast, und so stürzten beide Gläser auf den Tisch und zersprangen.

Verlegen, aber durchaus nicht betreten, schaute der Vater in die Runde. Er hörte die Frage hinter den stummen Lippen und gab eine Erklärung ab. »Mal was andres!« sagte er.

Zum erstenmal an diesem Tisch begab es sich, daß die Mutter und die Tochter einen Blick wechselten. Was er ausdrückte, war schwer zu sagen; sicherlich ein Einverständnis – aber welcher Art? Vielleicht war es auch kein Einverständnis, denn was die Tochter nun beging, konnte unmöglich der Mutter recht sein.

Das junge Ding – mehr als fünfzehn Jahre zählte es nicht – hob plötzlich die Hände zum Kopfe und löste die aufgebundenen Haare, daß sie über die Schultern fluteten. Nicht genug damit, nahm das Mädchen ein Messer und schnitt sich vom Hals zur Brust die Bluse auf; es kam ein schöner Ausschnitt zustande – schön, weil er von den Brüsten etwas sehen ließ. »Mal was andres!« sprach die Tochter.

Jetzt blickten alle die Mutter an. Was würde sie sagen, was würde sie tun? Nichts sagte sie, doch sie tat etwas. Sie griff nach der Glasplatte, die auf dem Tisch lag, und hob sie empor. Hei, wie glitt und stürzte da alles herunter, Schüsseln, Teller und Gläser, wie zerschellten sie lustig am Boden! Die Mutter jedenfalls fand es lustig, und als sie laut lachte, lachten die drei mit. »Mal was andres!« rief die Mutter, von Heiterkeit geschüttelt, und schlug sich auf die Schenkel. »Mal was andres!« johlten die anderen.

Von nun an war kein Halten mehr. Wir können nicht aufzählen, was die Übermütigen alles anstellten; nur einiges sei berichtet. Sie sprangen über die Stühle, beschmierten die Bilder an der Wand mit Senf und rollten sich in den Teppich ein. Sie spielten Haschen, wobei viele Gegenstände zerbrachen, tanzten wild auf dem Tisch herum, und als der Diener das Dessert brachte, rissen sie ihm das Tablett aus der Hand und warfen es durch die Fensterscheiben. Die hereinströmende Mailuft machte sie vollends toll: sie schrien laut und schlugen Purzelbäume. Anfangs war der Diener sehr erschrocken; dann aber warf auch er sich in das närrische Treiben.

Gegen neun Uhr, als es zu dunkeln begann, erscholl draußen plötzlich Musik. Alle stürzten ans Fenster und blickten hinaus. Da stand eine kleine Gruppe von Schaustellern, die ankündigen wollten, daß am nächsten Abend eine Vorstellung stattfinde. Die Gaukler waren offensichtlich eine Familie: Vater, Mutter, Sohn und Tochter, genau wie die Familie im Fenster. Welch hübscher Zufall!

»Heda!« rief der Vater im Fenster dem Vater auf der Straße zu, als das Musikstück geendet hatte. »Wollt ihr nicht mit uns tauschen?« Und da der andere nicht sogleich begriff: »Ich meine, wollt ihr dieses Haus haben samt allem, was darin ist, und uns dafür eure Habe überlassen? Es ist mir ernst damit – uns zieht es auf die Straße, in die Ferne.«

Die Schauspieler berieten sich und meinten dann, man müsse den Fall aushandeln. »Ja, kommt nur herauf!« rief der Vater im Fenster.

Mißtrauisch betraten die Gaukler das vornehme Haus, schüchtern schoben sie sich in den Speisesaal. Doch als man ihnen kräftig die Hand schüttelte und nachdrücklich erklärte, das Anerbieten sei wirklich ernst gemeint, faßten sie allgemach Vertrauen.

Nun wurden sie rasch einig, die beiden Familien. Im Nu wechselten sie die Kleider und das Dasein. Ein wenig drollig sahen die feinen Leute ja aus in dem verwegenen Aufputz; doch waren sie glücklich.

Nur der Diener weinte, denn er wäre gerne mitgezogen, aber er mußte unbedingt zurückbleiben, damit der Tausch vollkommen sei und es den Hausbesitzern nicht an Bedienung mangle.

»Mal was andres!« bettelte er und warf sich sogar auf die Knie, doch es half ihm nichts.

»Wir lassen dir vier neue Gesichter zurück«, sprach der Hausherr im Fortgehen. »Das ist Abwechslung genug.«

»Mal was andres!« sangen die neuen Schausteller im Chor, als sie auf der nächtlichen Straße fortzogen, und winkten denen im Fenster. Der Sohn blies die Trompete ganz leidlich, die Tochter spielte hübsch auf der Ziehharmonika, und der Vater zupfte wie besessen seine Guitarre. Nur die Mutter wußte mit der großen Trommel noch nicht so richtig umzugehen.

Kurt Kusenberg, geboren 1904 in Schweden, lebte als Schriftsteller, Herausgeber und Lektor in Hamburg, wo er 1983 starb. Er schrieb vor allem Geschichten, in denen er den Alltag surrealistisch verfremdete.

Das Märchen von den glücklichen traurigen Menschen
Helga Schubert

Es gab einmal einen König, der mit Familie und Dienern in einem wunderbaren großen Schloßgarten wohnte, sich aber oft fast zu Tode langweilte. Früher war er manchmal auf Reisen gegangen, aber der Welt außerhalb des Schloßgartens konnte er nichts abgewinnen. Meist lag er nun in seiner Hängematte an einem schattigen Plätzchen, verdaute die reichlichen Mahlzeiten und schlief dann ein. Hin und wieder jagte er einen weißen Hirsch. Und wenn er ihn nach einigen Wochen erlegt hatte, wurde ein neuer weißer Hirsch in den Schloßgarten gelassen. An Tagen, an denen er sich ganz besonders langweilte, erließ er eine Anordnung oder sogar ein Gesetz für seine Untertanen. Es kam vor, daß er sich auch die Strafen für Gesetzesverstöße ausdachte, doch normalerweise überließ er die Durchführungsbestimmungen, die Kontrolle der Gesetzesbefolgung und auch die Gerichtsbarkeit den Zuständigen außerhalb des Schloßgartens. Denn die wollten ja auch etwas zu tun haben und sich vor allen Dingen nützlich und unersetzbar im Dienst des Königs fühlen. Eines Tages erließ der König ein Gesetz, das allen Bürgern seines Landes verbot, traurig auszusehen. Er gähnte, schlief ein, und am nächsten Morgen hatte er es schon vergessen. Aber welche Umwälzung gab es außerhalb des Schloßgartens. In einem Gesetzblatt konnten alle Bürger nachlesen, wie die Strafen aussahen, wenn sie gegen das Gesetz verstießen. Wenn man noch nicht zur Schule ging, fiel man unter das Vorschulernststrafgesetz. Als Schüler unterlag man dem Schulernststrafgesetz. Und als Erwachsener wurde man nach dem Lebensernststrafgesetz verurteilt.

Nach den Wetternachrichten im Fernsehen verlas ein sorgfältig geschminkter Clown mit großem roten lachenden Mund das Gesetz. Abend für Abend. Jahr für Jahr. Das Gesetz und die Strafen.

Und wenn das Neugeborene in der Entbindungsklinik zum ersten Mal schrie, bekam es eine kalte Wasserdusche. Denn Neugeborene verstehen ja noch nicht alle Fernsehansagen. Aber das Schreien und Weinen sollte ihm von Anfang an ausgetrieben werden.

Der Kinderminister befahl, nach neusten wissenschaftlichen Erkenntnissen methodisch vorzugehen: im ersten Lebensjahr, im zweiten Lebensjahr. So wußte schon im dritten Lebensjahr fast jedes Kind Bescheid und konnte bei der Eignungsprüfung für den Kindergarten die angedrohten Strafen aufsagen.

Wenn das Kind einen Fehler beim Aufsagen machte, bekamen seine Eltern einen Monat lang keinen Lohn. Aber wenn es vor Enttäuschung über den Fehler weinte, wurde sein Bild in der Zeitung veröffentlicht. Und kein Kind durfte mehr mit ihm spielen.

So kam es, daß die Bürger dieses Landes ihre Mundwinkel immer nach oben bogen. Schon aus Gewohnheit. Im Schlaf trugen sie Mundwinkelformer, die in den Mundwinkel und das zuständige Ohr eingehängt und durch eine Feder verbunden wurden.

Sollte nun wirklich ein Bürger ganz ausnahmsweise und ohne daß er es wußte, einmal im Traum weinen, so daß sich ein Mundwinkel nach unten verzerrte, dehnte sich die Feder und löste eine Sirene aus. Die Glückspolizei eilte mit Hubschraubern herbei, verhörte den traurigen Träumer eine Nacht lang und befragte ihn über den Inhalt seines Traumes. Wenn er versprach, nie mehr im Traum zu weinen, erfaßten sie ihn nur in der TRAURIGE-TRÄUMER-KARTEI und hinterließen einen Sichtvermerk in seiner Personalakte. Für verschiedene Berufe kam er nun nicht mehr in Frage. So war er nicht geeignet, mit einem anderen Menschen zusammen in einem Zimmer zu übernachten (Sportler, Dienstreisender und Ehemann/-frau konnte ein solcher Bürger nicht mehr werden).

Aber man gab ihm eine Chance: Er wurde jede Nacht mit einer Fernsehkamera beobachtet. Und wenn er sich nichts zuschulden kommen ließ, also immer freundlich im Schlaf lächelte, vielleicht sogar leise vor sich hinkicherte, konnte es passieren, daß seine Kinder (wenn er vor der Bestrafung schon welche hatte) wieder Sportler, Dienstreisender oder Ehemann/-frau werden durften. Damit sollte gezeigt werden, welche große Bedeutung der König dem Verhalten, der Freude und vor allem der Fröhlichkeit der Kinder zumaß. Waren sie fröhlich, hatten auch ihre Eltern keinen Grund zu haben, nicht fröhlich zu sein, und demzufolge auch keinen Anlaß, im Schlaf die Mundwinkel nach unten zu biegen.

Aber es gab doch hin und wieder vereinzelt bei diesem oder jenem Menschen Gesichtsbewegungen, die ihm bei genauem Hinsehen den Ausdruck eines traurigen Menschen verliehen. (Richtig vorstellen konnte man sich ein trauriges Gesicht gar nicht mehr, denn in den Zeitungen sah man nur lachende Gesichter. Und wenn einmal eine Zeitung aus einem anderen Land am Kiosk verkauft wurde, sorgte der Zeitungsminister dafür, daß etwaige ernste Gesichter in der Druckerei schwarz gestempelt wurden.)

Jeder Bürger wußte, was er angesichts eines Ernstaussehenden zu tun hatte, denn auch das wurde, gleich nach den Strafen, täglich im Fernsehen verlesen. Da wissenschaftlich nachgewiesen war, daß Ernstaussehen ansteckend wirken konnte (der Direktor des Instituts für Lachwesen hatte dafür kürzlich den Breitmaulorden in Violett erhalten), mußte der Ernstaussehende sofort isoliert werden. In jeder Wohnung und in jedem Betrieb gab es für diesen Ernstfall einen belüfteten undurchsichtigen Käfig mit einem Fach gut haltbarer Lebensmittel und Vitamintabletten, in die der Straffällige notfalls mit Gewalt gesperrt wurde. Dann hatte man durch Ziehen am Mundwinkelformer die Sirene auszulösen, die die Polizei herbeirief. Es war wichtig und extra in der Bedienungsanleitung des Käfigs hervorgehoben, daß man den Käfigschlüssel lächelnd an die Polizei zu übergeben hatte. Man kam sonst um seine Belohnung und wurde auch in den Käfig gesperrt. Die Glückspolizei brachte den Menschen in dem Käfig aus form- und farbschönem Leichtmetall unverzüglich zum Gericht und stellte ihn zu den anderen Käfigmenschen, die dort schon auf ihren Prozeß warteten. Wenn fünf gefaßt waren, und das konnte eine ganze Weile dauern, darum ja auch die haltbaren Lebensmittel im Käfig, kam der lachende und scherzende Richter mit seinen strahlenden Beisitzern, gefolgt von dem jubelnden Pflichtverteidiger. Dieser sprang in drolligen Sprüngen um die Käfige und öffnete dann beim Klang von frischen Wanderliedern die Käfige, in denen die Angeklagten standen (mit hochgezogenen Mundwinkeln und Händen an der Hosennaht).

Der Prozeß begann. Da es sich um eine konstitutionelle Monarchie* handelte, kam man ohne Zeugen nicht aus. Die Zeugen bezeugten unter Zeugen, daß der Angeklagte ernst ausgesehen hatte. Für Weinen gab es die Todesstrafe, für fahrlässiges Ernstaussehen ein Jahr und für vorsätzliches Ernstaussehen zwei Jahre Zwangsarbeit in einer Druckerei.

In der Druckerei wurden nicht nur die ernsten Gesichter aus den ausländischen Zeitungen schwarz gestempelt, hier wurden auch die Belohnungsgutscheine für die aufmerksamen Beobachter gedruckt. Ein Abschnitt berechtigte zum fünfminütigen straffreien Ernstaussehen. Wurde man beim Ernstaussehen ertappt, konnte aber dem aufmerksamen Beobachter einen Gutschein vorweisen, war man gerettet. Der Beobachter war einem nicht böse, denn er bekam seinen Gutschein trotzdem.

So wäre alles in bester Ordnung geblieben, wenn der Königssohn nicht plötzlich Zahnschmerzen bekommen hätte. Der König schickte nach dem königlichen Zahnarzt, der außerhalb des Schloßgartens wohnte. Aber leider hatte sich der gerade sein Bein gebrochen und konnte darum nicht transportiert werden. Er wurde zum Zahnarztstuhl in seiner Wohnung hin aufgerichtet und wartete dort auf den Königssohn, der auf diese Weise zum ersten Mal in seinem Leben aus dem Schloßgarten herauskam. Wie wunderte er sich, als alle so glücklich lächelten. Das erstaunte ihn sehr, denn sein Vater, seine Mutter, die Diener im Schloßgarten lachten nur, wenn ihnen danach zumute war. Wie müssen sie mich lieben, dachte er geschmeichelt.

Der Zahnarzt mußte ihm einen Zahn ziehen und auf dem Nerv herumbohren. Das tat ziemlich weh. Dem Königssohn traten die Tränen in die Augen, und er begann zu weinen. Alle sahen es: der Zahnarzt, die Sprechstundenhilfe. Seht mal, der Königssohn weint, flüsterten sie, richtige Tränen, hast du das schon mal gesehen, das ist

---

konstitutionelle Monarchie: Herrschaftsform, in der die Macht des Königs durch eine Verfassung eingeschränkt ist

ja Wasser. Das kostet ihn sein Leben – und wir werden viele viele Gutscheine bekommen, vielleicht sogar einen Gutschein für eine Minute Weinen? Aber das wagten sie nicht zu hoffen. Sie alarmierten die Glückspolizei, die alarmierte den König. Und der König?

Er wunderte sich sehr, daß man ihn bei der Arbeit störte. Und noch dazu wegen einer solchen Lappalie*. Mein Sohn weint? Na, dann hat ihm dieser Zahnarzt sicher weh getan. Her mit diesem Scharlatan*, brecht ihm das zweite Bein. Wißt ihr nicht, daß Weinen gesund ist? Nur weinende Menschen sind richtige Menschen. Weinen wir in unserem Schloßgarten nicht schon immer? Und, geht es uns nicht gut?

Lächeln ist verboten. Ich will niemand mehr lächeln sehen. Ins Gefängnis mit allen Lächlern!

Und die Glückspolizei sperrte das lächelnde und jubelnde Volk ins Gefängnis. Und der König ging weinend mit seinem weinenden Sohn und seinem weinenden Hofstaat aus dem Schloßgarten heraus. Durch die leeren Straßen. Von ferne das Martinshorn der Glückspolizei. Und wenn sie nicht gestorben sind, dann weinen sie noch heute.

Helga Schubert, geboren 1940 in Berlin, lebt als Psychologin und Schriftstellerin in Berlin/DDR. Sie schreibt vor allem Erzählungen.

Grün ist schöner

Gabriele Wohmann

Ich bin ein grüner Mensch. Grün mit grünblauen Placken. Grüne Haut. Die Lippen von einem so schwärzlichen Grün, daß die Leute sich fürchten. Das wird überhaupt schlimm, wenn ich mal mehr unter Leute komme. In der Schule und dann als Erwachsener. Ich muß so viel wie möglich verdecken. Doktor Stempel hat auch immer Handschuhe an. Er hat Ekzem. Bei mir werden auch alle Leute neugierig drauf sein, was ich unter den Handschuhen habe. Sie werden denken, ich hätte Ekzem. Ich muß auch einen Namen dafür finden.

Das Kind drehte sich vor dem langen Badezimmerspiegel, betrach-

Lappalie: Kleinigkeit
Scharlatan: einer, der nichts von seinem Fach versteht

tete seinen nackten Körper, hob die stengeldünnen Ärmchen – alles grün, unten, oben; innen auch? Es trat näher an den Spiegel, streckte die Zunge heraus: finstre bläuliche Grünporen, ein fetter Grünlappen hing über die dunklen Lippen. Also auch innen grün. Es wischte den Tau seines Atems vom Glas, es lächelte sich zu: die blassen Zähne gefielen ihm.

Häßlich bin ich nicht. Nur unheimlich. Grüne Haut ist eigentlich schöner als braune oder rosige.

– Bist du schon im Wasser? rief die Stimme der Mutter die Treppe herauf und durch den Gangschlauch zu ihm ins Badezimmer. Bist du schon ein Frosch im Wasser?

Grüner Frosch im Wasser.

– Ja! schrie es.

Es patschte sich schnell in die knisternden Schaumwolken, glitschte an der Wannenschräge hinunter und schwitzte und schnaubte.

Aber das grüne Gesicht wird jeder sehn. Grün mit grünblauen Sprenkeln und einer fast schwarzen Zunge hinter fast schwarzen Lippen. Ich trag das grüne Haar tief in der Stirn, später krieg ich auch einen Bart, der wird auch grün. Und ich habe einen grünen Hals, ich winde immer einen Schal drumherum, der verdeckt auch den Nacken. Die Leute können denken, ich wär bloß im Gesicht grün. Alles andere ist normal. Ich sag: an den Händen hab ich Ekzem, deshalb die Handschuhe. Sonst zeigt man ja nichts. Ich werde immer lange Hosen tragen.

– Ists schön im Wasser, du Frosch? rief die Mutter.

– Ja! schrie es.

Alle werden denken: wie ein Frosch sieht er aus. Aber ich kann natürlich nicht mit Mädchen und so, wie Dicki das macht, baden gehn. Ich bin ganz zurückhaltend, alle wollen mit mir baden gehn, alle Mädchen, immer werd ich gequält von allen Mädchen, baden zu gehn, aber ich bin ganz vornehm und ganz grün. Ich geh in der heißesten Sonne mit meinem Schal spazieren und mit den Handschuhen.

– Fröschlein, rief die Mutter, gleich komm ich und seh nach, ob du sauber bist.

Das Grüne wird mich natürlich von den andern absondern. Ich werd wie Onkel Walter: ein einsamer alter Mann. Nur schon, bevor ich alt bin.

Von der Badewanne aus konnte es in den Spiegel sehn. Es hob einen Arm aus dem Wasser: Schaumbläschen flüsterten; das nasse Grün glänzte, es sah schärfer und krasser aus als das trockne.

Schade, daß niemand je meine strahlende nasse Grünhaut sehn

wird. Ich werde ein einsamer grüner Mann. Wie eine Schlange. Der Schlangenmann.
– Fröschlein, rief die Mutter, gleich hol ich dich raus!
– Ja, rief es.
Jetzt hab ich noch die Mutter, die weiß es. Später weiß es keiner mehr.
Es hörte die flinken Schritte auf der Treppe, im Gang. Die Tür klaffte; es hielt die Hände vor die Augen, denn dazu hatte es gar keine Lust! Ein Strom frischer Luft zog herein, und die Mutter knipste die Höhensonne aus und schaltete das gelbe weiche Deckenlicht an und sagte:
– So, nun komm, mein blasser sauberer Froschmann.

Gabriele Wohmann ist 1932 in Darmstadt geboren, wo sie auch heute noch lebt. Sie hat viele Erzählungen und Romane veröffentlicht; in vielen Texten stellt sie kritisch dar, wie Erwachsene mit Kindern umgehen.

Niemand
Rudolf Otto Wiemer

Es war jemand, der hieß Niemand. Niemand hätte ihn für jemand anderen gehalten als Niemand, denn Niemand war niemandem unbekannt. Und wenn Niemand auf der Straße jemandem begegnete, oder gar, wenn Niemand jemanden grüßte, was selten vorkam, denn Niemand freundete sich nur zögernd mit jemandem an, so konnte man jemanden den Hut ziehen sehen und sagen hören: »Habe die Ehre, Herr Niemand.« Und es konnte vorkommen, daß Niemand, der, weil er kurzsichtig war, nie jemanden genau zu erkennen vermochte, seinerseits jemanden grüßte, der vor Niemand gar nicht den Hut gezogen hatte und der niemandem weniger gern Reverenz* erwies als Niemand, wozu auch niemand jemanden gezwungen hätte.
Niemand war von Beruf Amtsvorsteher. Und, zur allgemeinen Heiterkeit, geschah es natürlich, daß jemand, der Niemand in seinem Büro aufsuchen wollte, bei der Auskunft, Niemand sei anwesend, sogleich umkehrte, in der Absicht, zu besserer Stunde Niemand anzutreffen. Andererseits konnte es passieren, daß Niemand selber, wenn er bei jemandem vorstellig wurde und auf jemandes Frage: »Wer

Reverenz: Achtung

ist da?« antwortete: »Niemand«, lange warten mußte, bis jemand, der wußte, daß jemand Niemand heißen kann, ihn vorließ.

Noch schlimmer wurde es, wenn jemand, der sich über jemanden beschwerte, den Bescheid bekam, dieser Jemand sei kein anderer als Niemand. Man braucht sich deshalb nicht zu wundern, daß jemand, mit Recht erzürnt, in einem Leserbrief schrieb: Was ist das für eine Behörde, von der man, will man jemanden zur Rechenschaft ziehen, erfährt, Niemand wäre verantwortlich?

Niemand hatte auch eine Frau. Sie liebte niemand anderen als Niemand. Und obgleich sie bisweilen bezweifelte, ob es richtig sei, ein ganzes Leben lang Niemand zu sein, mochte sie doch mit niemandem tauschen. Denn niemand behandelte sie so rücksichtsvoll wie Niemand, der oft erklärte, er hätte niemanden finden können, der zu Niemand so gut paßte wie jemand, der sich nicht scheute, Niemand zu heiraten, in Niemandes Haus zu wohnen, Niemandes Brot zu essen, Niemandes Ansichten zu teilen, Niemandes Kinder aufzuziehen, die, wie jemand, der im Ort wohnt, weiß, bei niemandem anders als die Niemandskinder genannt wurden.

Nun ja, trotzdem gab es immer wieder merkwürdige Begegnungen. Neulich zum Beispiel bin ich mit Niemand im Auto gefahren. Und als Niemand beim Parken jemanden, der sich dort mit jemandem unterhielt, versehentlich streifte, fragte der von jemandem herbeigerufene Polizist: »Wer war das?« – »Niemand«, antwortete ich. »Wie?« entgegnete der Polizist, der anscheinend kein Ortskundiger war, »niemand, sagen Sie? Wo ich doch jemanden, der jemanden anfuhr, vor mir habe?« – »Niemand hat jemanden angefahren«, wiederholte ich, »verstehen Sie das nicht?« – »Nein«, erwiderte der Polizist, sichtlich verwirrt: »Niemand kann auch niemanden anfahren, das ist logisch.« – »Erlauben Sie«, sagte ich, »Niemand kann sowohl jemanden wie auch niemanden anfahren. Aber Niemand, das heißt sich selber, kann Niemand keinesfalls anfahren.« – »Aha«, sagte der Polizist aufatmend, »Sie meinen Niemand in Person. Das kann doch niemand ahnen, wenn niemand einem das sagt.« Worauf der von Niemand angefahrene Passant den Bescheid erhielt, er würde demnächst von Niemand hören.

Am schlimmsten wurde es, als Niemand sich von jemandem bereden ließ, die Niemand-Partei zu gründen. Die Wahlparolen waren allerdings vielversprechend: Niemand sorgt für Stabilität der Verhältnisse! Niemand kämpft gegen Inflation* und für höhere Löhne!

Inflation: Geldentwertung

Niemand kümmert sich um die Rentner! Niemand schafft den Umweltschmutz! Niemand sorgt für Entspannung und Frieden! Bürger, wenn ihr diese Bestrebungen unterstützt, wählt Niemand! Der Erfolg: Niemand wurde mit großer Mehrheit gewählt. Und Niemand gelang es, obwohl niemand das für möglich hielt, sein Programm zu verwirklichen. Niemand war glücklich.

Später hat er, da niemand Niemand an Bescheidenheit übertraf, auf seinen Grabstein setzen lassen: Niemands Ruhe.

So lebt Niemand unter uns fort. Und wenn jemand von jemandem gefragt wird, wen er sich zum Vorbild nehme, so antwortet er ohne Zögern: »Niemand.«

Möge Niemand damit einverstanden sein!

Rudolf Otto Wiemer, geboren 1905 in Thüringen, lebt seit längerer Zeit in Göttingen. Er war Lehrer, hat viele Theaterstücke für Kinder und Laien, Hörspiele, Gedichte, Erzählungen und Romane für Kinder und Erwachsene geschrieben.

Sehr geehrter Herr Spitalpräsident
Bernhard Gurtner

Ihre Kommission hat mich dringlich gebeten, einen ausführlichen Bericht über den inzwischen berühmt gewordenen Eisbären vorzulegen, der vom 1. bis 4. April in unserem Kreisspital* behandelt worden ist.

Da ich in jenen Tagen an einem Fachkongreß abwesend war, hat die Abklärung der näheren Umstände etliche Zeit in Anspruch genommen, wofür ich Sie um Verständnis bitte. Die folgende Darstellung stützt sich vor allem auf die Angaben meines Stellvertreters, Oberarzt Dr. J. Küng, und auf die Erklärungen der nachweisbar Beteiligten.

Selbstverständlich trage ich als Chefarzt letztlich die Verantwortung für die bedauerlichen Ereignisse, doch werden Sie mir zugestehen, daß an unserer Klinik für eine so außergewöhnliche, in keiner Weise voraussehbare Situation keine verbindlichen Weisungen bestanden. Die von der Spitalkommission kürzlich erhobene Forderung,

Spital: schweizerisch für Krankenhaus

Patienten notfalls ohne ärztliches Zeugnis aufzunehmen, hätte sicher bei diesem kranken Tier nicht so unkritisch befolgt werden dürfen. Nachträglich wollte sich niemand mehr daran erinnern, wer den Entschluß gefaßt hatte, den Eisbären ins Spital zu bringen. Das Tier sei am frühen Morgen des 1. April vor dem Notfalleingang aufgefunden worden und sei in so schlechtem Zustand gewesen, daß man sich einfach gezwungen fühlte, helfend einzugreifen.

Wer uns dieses Findelkind vor die Türe gelegt hat, ist bis heute ungeklärt geblieben, die Ermittlungen der Polizei sind aber noch nicht abgeschlossen. Möglicherweise wollte sich ein defizitärer* Wanderzirkus des kranken Tieres entledigen. Es ist aber auch denkbar, daß ein privater Besitzer den Problemen nicht mehr gewachsen war und die Kosten scheute. Leider ist es ja heute Mode geworden, seltene Reptilien, Vögel oder Säuger als Haustiere zu halten – ein schneeweißer Eisbär müßte als besondere Rarität* gelten.

Unser Portier meinte zuerst, es liege ein Pelzmantel vor dem Haus. Als er das schwer keuchende Tier erkannte, weckte er sofort den im Pikettzimmer schlafenden Tagesarzt Dr. Bleisch, der wohl nur deshalb so rasch zur Stelle war, weil er die Notfallmeldung nicht ganz verstanden hatte und zuerst nicht daran dachte, daß 1. April war.

Dr. Bleisch versuchte unverzüglich, den Eisbären in veterinärmedizinische Pflege überführen zu lassen. Weder das Tierspital noch der Zoologische Garten, geschweige denn die Kantonspolizei waren jedoch gewillt, sich am 1. April buchstäblich einen Bären aufbinden zu lassen. Die Telefonanrufe von Dr. Bleisch wurden als dummer Scherz mißverstanden und blieben deshalb erfolglos.

Inzwischen hatten sich einige neugierige Frühaufsteher um den Bären versammelt, der mit einer Autodecke gegen den aufkommenden Regen geschützt werden mußte, weil ja das von mir längst beantragte Vordach über dem Notfalleingang immer noch nicht bewilligt worden ist. Dem Tier ging es immer schlechter. Es habe viel Schaum verloren und mit allen Gliedern gräßlich gezuckt. Dr. Bleisch sagte mir, er hätte am liebsten eine erlösende Spritze verabreicht, was sicher die beste Lösung gewesen wäre, doch wagte er wegen der unklaren Besitzverhältnisse keine aktive Euthanasie. Abgesehen davon würde es ihm schon größte Mühe machen, auch nur ein kleines Meerschweinchen umzubringen.

Es ist behauptet worden, unser Personal habe in dieser Situation

defizitär: in Schulden steckend
Rarität: seltenes Stück

den Kopf verloren und wider alle Vernunft ein verseuchtes Tier in das Spital hereingenommen. Sicher wären einige nüchterne Überlegungen wünschenswert gewesen. Aus Erbarmen bildete sich aber ganz spontan eine Gruppe von Ärzten, Krankenschwestern und Physiotherapeutinnen, die sich das Ziel setzte, das arme Tier zu behandeln und durchzubringen. Ich würde es sehr bedauern, wenn unser Personal nicht mehr zu einer solchen natürlichen Reaktion fähig wäre, müßte man doch daraus schließen, es sei durch alltägliche Berufserfahrungen gegen fremdes Leid abgestumpft worden.

Der schwere Patient wurde auf einem Liegewagen zum Gehbad der Physiotherapie gefahren und dort auf einer Gymnastikmatte gelagert. Mit einer Tafel »Wegen Reinigung geschlossen!« wurde das Bad gesperrt – eine zuerst nicht ganz ehrliche Begründung, die sich nur zu schnell bewahrheiten sollte. Die vielen neugierigen Spitalangestellten und Patienten wurden zuerst ganz ferngehalten, dann aber zu bestimmten Besuchszeiten gegen eine kleine Eintrittsgebühr zugelassen, mit der die Kosten für Futter und Medikamente gedeckt werden sollten.

Der weitere Verlauf ließe sich in wenigen Worten zusammenfassen. Weil Sie aber ausdrücklich gewünscht haben, alle Einzelheiten zu erfahren, will ich die Geschehnisse näher schildern, obwohl ich sonst nicht berechtigt bin, Krankengeschichten zu veröffentlichen.

Das unruhige Tier wurde zuerst durch eine hohe Dosis von Valium i. m. sediert, doch habe die Spritze nur ungenügend gewirkt. Immerhin verschwanden die Krampfbewegungen der Glieder. Für die körperliche Untersuchung wurde Dr. Störi von der gynäkologischen Abteilung beigezogen, weil man ihm als Bauernsohn und Hobby-Bienenzüchter am ehesten einige tierärztliche Kenntnisse zutraute.

Die Auskultation von Herz und Lungen habe keinen auffälligen Befund ergeben, doch war es schwierig, diese Organe durch den dicken Pelz hindurch mit dem Stethoskop abzuhorchen. Die Bauchdecke konnte nicht abgetastet werden, weil der Bär mit zwar kraftlosen, aber gezielten Abwehrbewegungen bedrohlich wurde. Sein Fauchen ermöglichte es anderseits, die belegte Zunge, ein kariöses Lückengebiß und einen stark verschleimten Rachen einzusehen.

Eine mutige Laborantin entnahm am Ohr etwas Blut, die Zahl von 12 000 weißen Blutkörperchen pro mm^3 erlaubte aber keine sicheren Rückschlüsse, weil der Normalbereich für Eisbären niemandem bekannt war. Auf weitere diagnostische Bemühungen wurde deshalb vorerst verzichtet.

Große Schwierigkeiten bereitete es, dem Eisbären Flüssigkeit zuzuführen. Mit dicken Handschuhen geschützt, versuchte Dr. Störi zu-

erst, eine Magensonde durch die Nase einzuführen, was jedoch miß-
lang. Nach einer nochmaligen Beruhigungsspritze wurde ein Teil der
Kopfhaut rasiert, damit eine der dort recht breiten Venen kanüliert
werden konnte. So wurde es möglich, in den nächsten 24 Stunden je
zwei Liter physiologische Kochsalzlösung und fünfprozentige Glukose
zu verabreichen. Es war aber unvermeidbar, das Tier zu fesseln, weil
es den Infusionsschlauch immer wieder abzureißen oder durchzubei-
ßen versuchte. In dieser Phase gelang es auch, die rektale Temperatur
zu messen, die mit 39,5° Celsius unerwartet hoch war und nur
langsam absank, wie dem ausführlichen Behandlungsprotokoll zu
entnehmen ist.

Da anscheinend eine Infektionskrankheit vorlag, entschloß man
sich, dem etwa 140 Kilogramm schweren Tier zweimal täglich ein
Gramm Chloramphenicol zu verabreichen, ein Antibiotikum, das im
Vergleich zu seiner Wirkungsbreite sehr preiswert ist. Auch im folgenden ging man kostenbewußt vor und verwendete nur Medikamente,
die entweder billig sind oder als Gratismuster zur Verfügung standen.
Ob dieses ökonomische Denken eine Frucht unserer regelmäßigen
Personalschulung ist oder eine unbewußte Folge des schlechten Ge-
wissens der Beteiligten war, bleibe dahingestellt. Jedenfalls ist es stark
übertrieben, wenn die Massenpresse behauptet, an diesen Bären seien
Tausende von Steuerfranken verschwendet worden.

Am nächsten Morgen ging es dem Eisbären, der die ganze Nacht
über von freiwilligen Wachen betreut worden war, erstaunlich besser.
Sicher hätte man ihn an jenem 2. April in die richtigen Hände
übergeben können, doch war nun in der pflegenden Gruppe eine
kindliche oder gar kindische Zuneigung zu dem weißen Teddybären
erwacht, weshalb man sich stillschweigend entschloß, die Behandlung
in unserem Spital fortzuführen.

Weil der schwierige Patient vorgelegte Rüben und Hundekuchen
verschmähte, beschaffte man aus dem Fachgeschäft frische Meer-
fische, die das Tier aber nur lustlos beschnupperte. Die Infusionen
wurden deshalb fortgesetzt, dazu möchte ich nochmals betonen, daß
es sich um eine finanziell wenig aufwendige Therapie handelte.

Verhängnisvoller war die Idee, das Gehbad für den Bären herzu-
richten. Heizung, Umwälzpumpe und Ozonisieranlage wurden still-
gelegt und dem Bassin 150 Kilogramm Kochsalz zugesetzt, um
wenigstens annäherungsweise künstliches Meerwasser herzustellen.
Leider war unser Küchenchef zu schwach, um sich gegen die Plünde-
rung seiner gesamten Salzvorräte zu wehren.

Phantasie und Improvisationslust scheinen nun außer Kontrolle
geraten zu sein: Um das Wasser schneller abzukühlen, brachte man

die Eiswürfelmaschine an den Bassinrand und ließ den Apparat während Stunden in Betrieb, bis das Bad von einer Schicht kleiner Eisberge bedeckt war, die natürlich immer wieder rasch wegschmolzen. Jedenfalls ließ sich der immer noch geschwächte Bär trotz der Vortäuschung heimatlicher Verhältnisse nicht dazu bewegen, ein Bad zu nehmen, als man Infusionen und Fesseln entfernt hatte. Er begann aber, unruhig das Becken zu umkreisen, und fraß nun doch einige Rüben, was die Zuschauer wie ein Tor beim Fußballspiel gefeiert haben sollen.

In der zweiten Nacht schlief der Bär; die etwas verängstigten Wachen blieben draußen vor der Tür in Bereitschaft, Dr. Störi heimlich mit seiner Offizierspistole bewaffnet.

Am 3. April wurden dem Bären einige präparierte Rüben verabreicht, in die man Wurm-Tabletten eingebracht hatte. Leider reagierte das Tier am gleichen Abend mit heftigsten Durchfällen, durch welche der ganze Raum sehr übel verschmutzt wurde. Parasiten gingen keine ab.

Durch die Diarrhoe wurde der Eisbär stark mitgenommen, sein Zustand verschlechterte sich in der folgenden Nacht zusehends. Erstmals kam es zu Meinungsverschiedenheiten über das weitere Vorgehen. Die einen fanden, das Tier habe in unserem Klima und in Gefangenschaft ohnehin kein schönes Leben mehr vor sich, die anderen meinten, ein ruhiger Lebensabend in einem gut geführten Zoo wäre ihm wohl zu gönnen. Die Krankenschwestern waren dafür, nur noch beruhigende und schmerzstillende Spritzen zu verabreichen, die Ärzte hingegen legten nochmals Infusionen an und durchstöberten die Spitalapotheke nach Gratismustern von stärkeren Antibiotika und Kreislaufmitteln.

Ihre Bemühungen schienen erfolgreich, der Bär konnte sich am Morgen des 4. April wieder auf den Beinen halten, blieb aber immer noch sehr schwach. Der weitere, fatale Verlauf ist Ihrer Kommission bekannt: Am Nachmittag stürzte sich der Bär – oder fiel ungewollt – ins Wasser und blieb auf dem Grund des Bassins liegen. Obwohl ein selbsternannter Experte beteuerte, diese Polarbewohner seien hervorragende Schwimmer und vermöchten bis zu einer halben Stunde unterzutauchen, wurde bald allen klar, daß das Tier jämmerlich ertrunken war – kurz bevor der von dritter Seite avisierte Bezirksarzt das Spital aufsuchte, um den in der Bevölkerung kursierenden Gerüchten nachzugehen.

Die Bergung des Tieres war sehr mühsam, wobei sich der am Bassinrand montierte Patienten-Hebekran einmal mehr als ungeeignete Installation erwies und sich verklemmte. Auf Weisung des Kantonstierarztes wurde der Eisbär zur Sektion ins Tierspital überführt. Die dort nachgewiesenen Salmonellen sind für Menschen nicht pathogen, doch hat natürlich die Schlagzeile »Eisbär starb an Typhus!« unsere Patienten erschreckt.

Die Reinigung und Desinfektion des Bades wurde durch eine freiwillige Putzequipe besorgt, in der auch die ganze Pflegegruppe mitarbeitete. Dieser gestärkte Teamgeist wird wohl als einziger Gewinn der üblen Affäre zu verbuchen sein. Ich bedaure die unerwünschte Publizität, die unser Kreisspital durch diesen Eisbären erlangt hat, doch bin ich sicher, daß der ungewöhnliche Einsatz unseres Personals insgeheim auch viele Sympathien geweckt hat. Ich bitte Sie deshalb, von disziplinarischen Maßnahmen gegen die Beteiligten abzusehen, und erkläre mich bereit, die aufgelaufenen Kosten zu decken.

Dr. M. Grütter
Chefarzt der Medizinischen Abteilung

Bernhard Gurtner hat seinen erfundenen Brief an den »Herrn Spitalpräsident« für einen Kurzgeschichtenwettbewerb eingeschickt, der 1979 in der Schweiz ausgeschrieben wurde und vor allem für Schreibende gedacht war, die sonst keine Gelegenheit zum Veröffentlichen haben. Die Aufgabe war, über die eigene Berufswelt zu schreiben.

Mabo
Jürg Schubiger

Eines Abends stand ein kleiner Junge in meiner Küche, zwischen dem Kühlschrank und der Tür zum hinteren Zimmer. Blond und blauäugig, so ließe er sich beschreiben, breitbeinig in schmutzigen Schuhen stehend, auch das wäre nicht falsch, gewiß, aber doch bei weitem nicht richtig. Er hatte so etwas, das heißt viel mehr als etwas, darüber hinaus, und er roch nach Muskat. Als ich ihn fragte, was er hier wünsche, sagte er: »Mal vorbeischauen«. Er ließ sich eine Tasse Tee aufgießen. Ich wollte mich eben nach seinem Namen erkundigen, da sagte er: »Mabohutzwitl«, das bedeute soviel wie ›Einer, der kommt und geht‹. »So nennen wir die Wolken bei uns«, fügte er bei, indem er den Löffel über die Zunge zog und sich das warme Metall an die Wange hielt. »Bei euch?« fragte ich. Er nickte; auf weitere Fragen blieb er stumm. Die Unterhaltung war mühsam; während ich sprach, schielte er abwechslungsweise auf die Nase und nach den Schläfen hin. Ich holte schließlich einen Kasten mit Bauklötzen, den ich für Besuche mit Kindern bereithalte. Mabohutzwitl bedankte sich sehr höflich, rührte ihn aber nicht an. Bauklötze waren wohl nicht das Richtige.

Mabo, so nannte ich ihn unterdessen, schlief im Zimmer hinter der Küche. Am folgenden Tag, bevor ich zur Arbeit ging, erklärte ich ihm, wo in der Wohnung und im Kühlschrank was zu finden und wie der Fernseher zu bedienen sei. Es sollte dem Jungen an nichts fehlen.

Ich fühlte mich bei der Arbeit sehr müde. Am Abend brachte ich Mabo ein Polizeiauto mit zwei Polizisten unter dem abnehmbaren Dach. Mabo stand auf einem Bein und bohrte dazu in der Nase. Ich mußte das Paket selber öffnen. Er bedankte sich sehr, indem er das Bein und das Nasenloch wechselte. Es war schwierig, es ihm recht zu machen. Wir kochten und aßen zusammen. Mabo erzählte die wildesten Geschichten, unter anderem vom Wind, einem »Vater Wind«, der in den Zwischenräumen zu Hause sei. Dabei wedelte er mit der Hand, die das Messer hielt.

Am nächsten Morgen fiel es mir schwer, körperlich schwer, von Mabo wegzugehen. Meine Beine und Arme fühlten sich den ganzen Tag wie Beton an. Als ich zurückkehrte, einen Drehkran und einen Krankenwagen in einer Plastiktasche, lag Mabo in den Teppich eingerollt auf dem Wohnzimmerboden. Ich schob die Tasche in die Teppichröhre. Als Mabo auf der anderen Seite herauskroch, hatte er das Geschenk nicht bei sich. Ich dachte, er brauche eine Anregung, wie das Spielzeug zu verwenden sei, und fing an, Motorengeräusche zu imitieren, an einer Kurbel zu drehen, ein Lämpchen aufglühen und eine Sirene heulen zu lassen. Mabo schaute mir aufmerksam zu, das war alles.

Was ich an diesem Abend schon hätte ahnen können, geschah: Mabo verschwand am folgenden Tag. Er hinterließ einen Zettel. »Ich schenke dir einen Namen«, stand darauf geschrieben. »Du sollst Mabodaulatl heißen.«

Ich habe nie erfahren, was der Name bedeutet. Sein Klang macht mich traurig, meine Ohren summen wie Bienen, ich rieche Muskat, wenn ich ihn vor mich hin spreche, und manchmal überkommt mich eine wunderliche Zerstreutheit.

Jürg Schubiger ist 1936 in Zürich geboren, wo er – nach Lebensstationen in anderen Städten und Ländern – sein Studium mit einer Doktorarbeit über Franz Kafka abschloß und heute als Schriftsteller und Psychologe lebt. Er schreibt für Kinder und Erwachsene.

Ein erschreckender Anblick
Franz Hohler

Als Herr Direktor J., bevor er von zu Hause wegging, noch rasch in den Spiegel seines Korridors schaute, erschrak er.

Sein Anzug war zwar in Ordnung, auch die Krawatte saß, aber dort, wo sonst sein Gesicht war, sah er einen Wasserhahn.

Das muß eine Täuschung sein, dachte Herr J. und wollte sich ins rechte Ohr kneifen, aber statt dessen drehte er das heiße Wasser auf, das sich nun in einem vollen Strahl auf sein Hemd ergoß.

Mit einem Aufschrei schloß er den Hahn wieder, und in dem Moment sah er, daß er sich wirklich getäuscht hatte – im Spiegel war sein normales Gesicht, und auch als er es mit den Händen abtastete, änderte sich nichts mehr, von einem Wasserhahn konnte keine Rede sein.

Beruhigt wandte sich Herr Direktor J. der Türe zu, da merkte er, daß er so nicht gehen konnte. Sein Anzug war durch und durch naß, und unter dem Hemd spürte er einen brennenden Schmerz, der langsam stärker wurde.

Franz Hohler, geboren 1941 in der Schweiz, lebt in Zürich. Er ist Kabarettist und Schriftsteller.

Das letzte Buch
Marie Luise Kaschnitz

Das Kind kam heute spät aus der Schule heim. Wir waren im Museum, sagte es. Wir haben das letzte Buch gesehen. Unwillkürlich blickte ich auf die lange Wand unseres Wohnzimmers, die früher einmal mehrere Regale voller Bücher verdeckt haben, die aber jetzt leer ist und weiß getüncht, damit das neue plastische Fernsehen darauf erscheinen kann. Ja und, sagte ich erschrocken, was war das für ein Buch? Eben ein Buch, sagte das Kind. Es hat einen Deckel und einen Rücken und Seiten, die man umblättern kann. Und was war darin gedruckt, fragte ich. Das kann ich doch nicht wissen, sagte das

Kind. Wir durften es nicht anfassen. Es liegt unter Glas. Schade, sagte ich. Aber das Kind war schon weggesprungen, um an den Knöpfen des Fernsehapparates zu drehen. Die große weiße Wand fing sich an zu beleben, sie zeigte eine Herde von Elefanten, die im Dschungel eine Furt durchquerten. Der trübe Fluß schmatzte, die eingeborenen Treiber schrien. Das Kind hockte auf dem Teppich und sah die riesigen Tiere mit Entzücken an. Was kann da schon drinstehen, murmelte es, in so einem Buch.

Marie Luise Kaschnitz, geboren 1901 in Karlsruhe, gestorben 1974. Sie war gelernte Buchhändlerin, lebte vor allem in Rom und Frankfurt. Sie ist insbesondere durch ihre Gedichte, Kurzgeschichten und tagebuchartigen Aufzeichnungen bekannt geworden.

Autoren- und Quellenverzeichnis

Brandstetter, Alois: Einläßliche Beschreibung der Maulschelle. Aus: Überwindung der Blitzangst. Salzburg: Residenz 1971

Braun, Johanna / Braun, Günter: Das Schild an der Ladentür. Aus: Vergessen, was Angst ist, hg. von Horst Heidtmann. Baden-Baden: Signal 1986

Cesco, Federica de: Spaghetti für zwei. Aus: Freundschaft hat viele Gesichter. Luzern, Stuttgart: Rex 1986

Fährmann, Willi: Tappert meldete sich. Aus: Augenblicke der Entscheidung, hg. von Christa L. Cordes. Freiburg, Basel, Wien: Herder 1986

Fried, Erich: Begegnung mit einem schlechten Menschen. Aus: Das Unmaß aller Dinge. Berlin: Wagenbach 1982

Gallusser, Roland: Das Gewehr im Bett. Aus: Geschichten aus dem Notfallkoffer. Zürich: Orell Füssli 1979

Grün, Max von der: Kinder sind immer Erben. Aus: Fahrtunterbrechung und andere Erzählungen. Frankfurt a. M.: Europäische Verlagsanstalt 1965

Gurtner, Bernhard: Sehr geehrter Herr Spitalpräsident. Aus: Und es wird Montag werden, hg. von Ernst Halter. Zürich: Orell Füssli 1980

Hohler, Franz: Ein erschreckender Anblick. Aus: Ein eigenartiger Tag. Darmstadt, Neuwied: Luchterhand 1983

Kaschnitz, Marie Luise: Das letzte Buch. Aus: Steht noch dahin. Frankfurt a. M.: Insel 1970

Kreuder, Ernst: Luigi und der grüne Seesack. Aus: Tunnel zu vermieten. Mainz: v. Hase & Koehler 1970 (zuerst Darmstadt: Roetherdruck 1966)

Kusenberg, Kurt: Mal was andres: Aus: Die Sonnenblumen. Reinbek: Rowohlt 1951

Landin, Walter: Großvater. Aus: Augenaufmachen, hg. von Hans-Joachim Gelberg. Weinheim, Basel: Beltz und Gelberg 1984

Marti, Kurt: Mit Musik im Regenwind fliegen. Aus: Dorfgeschichten. Darmstadt, Neuwied: Luchterhand 1983

Mechtel, Angelika: Aus dem Tagebuch an meine Töchter. Aus: Hoffnungsgeschichten, hg. von Ingeborg Drewitz. Gütersloh: Mohn 1979

Michels, Tilde: Freundschaftsringe. Aus: Augenblicke der Entscheidung, hg. von Christa L. Cordes. Freiburg, Basel, Wien: Herder 1986

Ossowski, Leonie: Die Metzgerlehre. Aus: Mannheimer Erzählungen. München: Piper 1974

Pludra, Benno: Ein Wellensittich starb. Aus: Kinder, hg. von Katrin Pieper. Berlin/DDR: Der Kinderbuchverlag 1979

Ruck-Pauquèt, Gina: Das dritte Opfer im Kriminalfall X. Aus: Das große Buch von Gina Ruck-Pauquèt. Ravensburg: Maier 1978

Schneider, Simone: Luises Tagebuch oder die Geschichte vom »Ei«. Aus: Wie man Berge versetzt, hg. von Hans-Joachim Gelberg. Weinheim, Basel: Beltz & Gelberg 1981

Schubert, Helga: Das Märchen von den glücklichen traurigen Menschen. Aus: Die Verbesserung des Menschen, hg. von Horst Heidtmann. Darmstadt, Neuwied: Luchterhand 1982

94